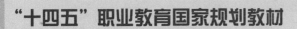
"十四五"职业教育国家规划教材

U0365747

电子商务商品信息采编

职 业 教 育 财 经 商 贸 类 专 业 教 学 用 书

主 编 金莉萍

副主编 夏冬英

华东师范大学出版社
·上海·

图书在版编目(CIP)数据

电子商务商品信息采编/金莉萍主编.—上海:华东师范大学出版社,2015.11
  ISBN 978 - 7 - 5675 - 4331 - 7

Ⅰ.①电… Ⅱ.①金… Ⅲ.①电子商务-商品信息-信息处理 Ⅳ.①F713.36②F713.51

中国版本图书馆 CIP 数据核字(2015)第 282816 号

电子商务商品信息采编

职业教育商贸、财经专业教学用书

主　　编　金莉萍
责任编辑　李　琴
审读编辑　罗　彦
版式设计　罗　彦

出版发行　**华东师范大学出版社**
社　　址　上海市中山北路 3663 号　邮编 200062
网　　址　www.ecnupress.com.cn
电　　话　021 - 60821666　行政传真 021 - 62572105
客服电话　021 - 62865537　门市(邮购)电话 021 - 62869887
地　　址　上海市中山北路 3663 号华东师范大学校内先锋路口
网　　店　http://hdsdcbs.tmall.com

印 刷 者　上海新华印刷有限公司
开　　本　787 毫米×1092 毫米　1/16
印　　张　14
字　　数　306 千字
版　　次　2016 年 3 月第 1 版
印　　次　2025 年 6 月第 11 次
书　　号　ISBN 978 - 7 - 5675 - 4331 - 7/G · 8799
定　　价　37.00 元

出 版 人　王　焰

♥ 产品特色

简约轻便的现代造型，美观大方；

抛光处理结合分子电喷工艺，光洁亮丽，触感舒服；

全向型麦克风，拾音效果好；

金属软管设计，可任意调节角度和方向，方便使用；

优质加厚海绵话筒套，提高声音的质感，同时保护话筒。

♥ 宝贝描述

✦ 功能特点 ✦

3.5 双声道插头，适合任何电脑机型

全向性，优质声，高average电容咪头，打造录制音质流畅，保证声音清晰流畅。

塑料喷涂工艺，与豪华银色泽无差，耐磨损。

1.5米线现代抗拉伸特性，环保柔韧防破碎，和流型整体一化设计技术

背面消音调制技术使得录音音质清晰，达到饱满效果。

为大型会议、网语K歌、视频聊天等绿色商谈设计，配置防滴底座，使用方便。

✦ 性能参数 ✦

麦克风直径	Ø9.7X6.7MM
阻抗	≤2.2KΩ
灵敏度	-58DB±3DB
灵敏度降幅	-3DB AT 1.5V
工作电压	1.5V
频率响应	30HZ ～18KHZ
信噪比	MORE THAN 40DB
插头直径	Ø3.5MM
线长	约1.4米
净重	约180克

♥ 产品细节

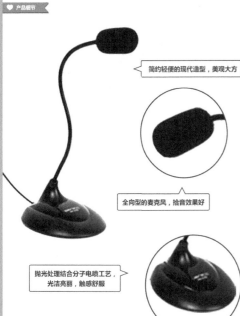

简约轻便的现代造型，美观大方

全向型的麦克风，拾音效果好

抛光处理结合分子电喷工艺，
光洁亮丽，触感舒服

金属软管设计，
可任意调节角度和方向，方便使用

♥ 品牌介绍

广东磁果科实业有限公司创办于1980年，是中国最早生产耳机的专业厂家之一，同时也是最批成功开拓国际市场的专业耳机制造商之一，磁果赏销额网络遍布全国，并续续9年蝉联全大中华区专业音响耳机市占有率第一。

在国际市场方面，与美国、德国、日本、韩国等30多个国家建立了良好的业务往来及合作关系，产品远销200多个国家与地区。

其中磁果科是集团国际驰名品牌，坚持采用品质风格，追求时尚风格，注重细节。产品采用了电精激结构、坚实先进的表面处理技术、国际先进电声技术，以优秀美音效，出色多功能、时尚的造型成为专业耳机中的佼佼者。

苹果详细页

▼ 产品简介

我们挑选来自陕西著名苹果之乡白水县的优质富士苹果，果面圆润光洁，呈现红色条纹或片状红晕，俏丽可爱。苹果香气浓郁，果肉脆嫩香甜，饱满多汁。

温馨提示 苹果极易腐烂，良好的冷藏环境下可存储更久，吃后静份聚集风味更好。

▼ 产品信息

苹果有"智慧果"、"记忆果"的美称，人们早就发现，多吃苹果有增进记忆、提高智能的效果。

苹果不仅含有丰富的糖、维生素和矿物质等营养素，而且富含锌元素。

▼ 产品特色

果形圆润、大小均匀　陕西白水县是全国五大苹果产区中的优质产区，天然生长、果形饱满

香甜适口，红润色泽　甜度更高、脆嫩多汁，果香浓郁

营养丰富、美容养颜　富含膳食纤维、维生素C，能减少热量摄入，维护肠道健康

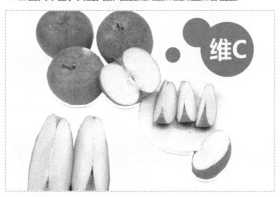

维C

▼ 不食用禁忌

不要在饭后吃水果，以免影响正常的进食及消化。

苹果富含糖类和钾盐，胃炎及糖尿病患者不宜多食。

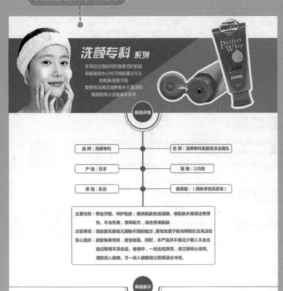

洗颜专科 系列

在深层去污洁的同时温柔呵护肌肤
保留肌肤的水分并且彻底清洁毛孔
和肌肤表面污垢
能够有效消除让消费者关心的油脂和
黑头的两大难题基本达不来

商品详情

品 牌：洗颜专科	名 称：洗颜专科柔嫩泡沫洁面乳
产 地：日本	规 格：120克
质 状：乳状	保质期：（具体详情见实物）

主要功效：带走污垢、呵护肌肤；保持肌肤的滋润感，使肌肤水嫩清洁有弹性、不含色素、柔和配方、适合各类肌肤
注意事项：请放置在婴幼儿接触不到的地方，请勿放置于日光照射处及高温处
贴心提示：皮肤有异常时，请勿使用。本产品并不保证少数人不会出现过敏等不良反应。使用中，一旦出现异常，请立即停止使用。谨防进入眼睛，万一误入眼睛请立即用清水冲洗。

商品展示

全方位外观
我们的产品每一件都是艺术品

浓密泡沫再次进化
新加入"丝胶蛋白成分"和"美容液成分"，浓密泡沫再次软化，泡沫质地更加柔滑，洗品更加润泽。

新添加丝胶蛋白成分
丝胶蛋白具有优秀的保湿能力，令洗后肌肤润泽，带来绸缎般丝滑感。

新添加美容液成分
由原来的保水氨基酸诱导体升级为美容液成分，保湿效果更加显著

使用方法

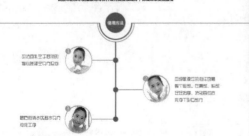

【产品名】专柜纯色T恤
【适合季节】全季 春夏外面单穿,秋冬打底,带有颜色的T恤还可以搭配衣服穿着.
【材质】100%精梳纯棉
【厚度】适中
【适合人群】男女老少皆宜
【制作工艺】无缝滚筒编织《孤蒸压定型技术 进口环保染料 压锁双针不变形锁口
【郑重承诺】不掉色,不缩水,不起球,领子久洗不变形、

产品展示

细节展示

R码说明

身高\休重	90	100	110	120	130	140	150	160	170	180	190	200
150cm	XS	S	S	S	M	M						
155cm	XS	XS	S	S	M	M	L					
160cm	XS	XS	S	S	M	M	L					
165cm	XS	S	S	S	M	M	L	L				
170cm	S	S	S	M	M	M	L	L	L	XL	XL	
175cm		M	M	M	M	M	L	L	L	XL	XL	
180cm			L	L	L	L	L	L	L	L	XL	XL
185cm			L	L	L	XL	XL	XL	XL	XL	XL	XL
190cm				XL	XL	XL	XL	XL	XXL	XXL	XXL	XXL

挂钟详细页

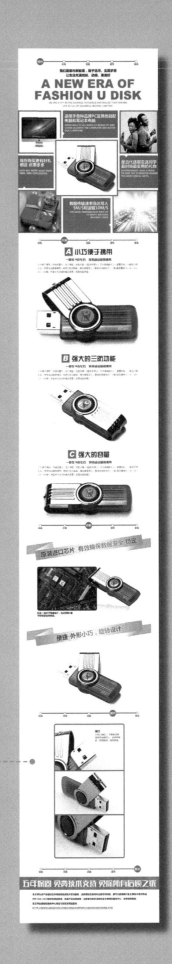

U盘详细页

咖啡详细页

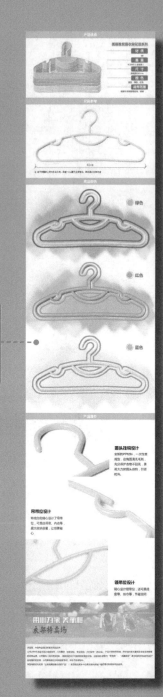

衣架详细页

润唇膏详细页

袜子详细页

出版说明

CHUBANSHUOMING

　　本书是商贸财经专业教学用书。

　　本书共分五个项目，分别从商品采编概述、商品拍摄的常用技法、商品的拍摄方案、商品图片美化以及商品的详细页设计来诠释电子商务商品信息采编的一般流程，由具有丰富教学经验的教师编写。

　　本书采用任务驱动、项目式教学的方法进行编写，秉持着在实践中学习的理念，让学生在"做中学、学中做"。

　　由于本课程的动手实践特点强，为提高教学效果，书中配有大量商品实拍照片和软件界面截图，以便学生更好理解。

　　本书主要栏目设计如下：

　　项目目标：使学生宏观了解整个项目要达到的知识、技能、情感目标。

　　任务目标：提出明确的技能要求，使学生知道任务过程中需要掌握的技能。

　　任务描述：通过对任务的描述引出本任务的主要内容。

　　实战训练：与任务有关的拓展练习，帮助学生巩固所学知识。

　　项目评价：完成整个项目后，对所学内容进行全面总结和分析。

　　项目小结：对整个项目进行系统的总结，回顾所学知识和技能。

　　本书配套的教学资源可登录网站：have. ecnupress. com. cn 中的"资源下载"栏目下载。

　　本书配套的微课视频可下载"i 教育"App 或扫描以下二维码观看。

商品采编微课

华东师范大学出版社

2016 年 3 月

序

XU

　　随着电子商务行业的高速发展,企业在电子商务化的进程中对于专业人才在数量和质量上的要求也越来越高,尤其是商品采编岗位更是受到了企业的格外重视。作为电子商务网站内容的主要制作者,商品采编人员的作业水平直接影响了企业的运营结果。因此,商品采编也是电子商务经营中不可或缺的一项重点工作,无论是自建商品采编团队,或是将商品采编项目外包,企业都会对这一岗位形成直接或者间接的人才需求。面对这一巨大的岗位缺口,"培养一名合格的商品采编人员"已经成为了学校在电子商务人才培养的一个重要方向。

　　本书系上海振华外经职业学校与上海商派网络科技有限公司组织国内行业专家,严格按照岗位任务分析和技能要求合作开发的系列教材。《电子商务商品信息采编》按照商品采编的3项核心工作:商品拍摄、商品图片处理以及商品详细页制作,从8大行业中精选了5个热门案例,以培养初级采编人员为要求,循序渐进地讲述了商品采编所要用到的主要技能和需要遵循的标准工艺流程。

　　本书图文并茂,将商品采编的理论内容与企业平台、案例等紧密结合,力图带给学生深刻的临场体会和认知。本书引用的5个具有代表性的案例,根据企业真实的作业流程,串联起相关的知识内容,为学生真正地提高动手能力奠定了基础。

　　本书既能作为理论学习使用,也能为课程实训提供必要的指导,适合全国各类中、高等职业院校的电子商务专业学生使用,也是网络创业者和电子商务相关人员的必备参考用书。

宋文官

2016 年 1 月

前言

QIANYAN

　　本书是电子商务专业"电子商务商品信息采编"课程的配套教材,由上海市振华外经职业学校的电子商务专业骨干教师和企业专家根据电子商务专业课程标准组织编写而成。

　　"电子商务商品信息采编"是中等职业学校电子商务专业的一门重要的专业核心课程。该课程是在学生已学习了"图形图像制作"、"电子商务基础"等课程的基础上,强化学生商品信息采集的实践能力。本课程采用真实环境实验方式,利用学校的实训设备组织学生进行真实环境实验教学,结合电子商务企业在商品信息采集中的实际经营需求,以商品信息采集的专业知识和层层递进的关系为主线,提高学生在商品信息采集方面的能力。

　　本书从实际应用和技能训练的角度出发,依据项目化教学的特点,让学生在一个个项目的完成过程中,掌握从事电子商务商品信息采编的基本技能。全书分为五大项目,每个项目细分为若干个任务。项目一是对商品信息采编工作领域的基本介绍,由鲍志林、陆兴荣编写;项目二是学习商品拍摄的常用技法,由夏冬英编写;项目三是商品的拍摄方案,由金莉萍编写;项目四是商品图片美化,由金莉萍编写;项目五是商品详细页设计,由蔡燕、吴旖旎编写。全书由金莉萍总纂定稿并担任主编,夏冬英担任副主编。

编　者

2016 年 3 月

MULU

目　录
MULU

项目 1　　项目 2　　项目 3　　项目 4　　项目 5

项目 1
商品采编概述

　　某公司是一家从事专业商品采编的第三方服务型公司。近期,为了拓展旗下业务,公司新招聘了一些员工。小刘作为一名刚从电子商务专业毕业的学生,有一定的电子商务专业基础,想往商品采编这个方向发展,就来到这家公司应聘,并成了该公司的一名新员工。公司展开了一系列新员工的培训课程,课程主要介绍了商品采编的定义、商品采编中不同岗位的技能要求以及商品采编未来的发展趋势,旨在使学员对商品采编有一个更全面的认识,了解电子商务行业中商品采编岗位的设置及其工作内容,以适应现代电子商务企业对商品采编人员的需求。

知识目标

(1) 了解商品采编的定义。
(2) 理解商品采编各岗位的技能要求。
(3) 了解商品采编未来的发展趋势。

情感目标

(1) 具备良好的条理性。
(2) 具备综合性思维能力。

任务1.1 商品采编的定义

 任务目标

（1）了解商品采编的定义。
（2）掌握商品采编的技术工艺流程。
（3）理解商品采编在电子商务中的重要性。
（4）理解商品采编工作的岗位设置。

任务描述

这是培训中的第一节课，课程介绍了商品采编的定义、商品采编在电子商务中的重要性以及商品采编三种类型工作的岗位设置。主讲老师告诉小刘，我们通过本任务的学习，需要掌握商品采编的定义及其技术工艺流程，明确商品采编岗位的重要意义。

1.1.1 商品采编的定义及其技术工艺流程

1. 商品采编的定义

如果你需要在文具商店购买一支笔，你可以看到货架上所摆放的各种笔的不同颜色、形状和造型，可以拿在手上感受一下它的触感，甚至可以用它写几个字判断是否书写流畅。在比较了几种不同的笔后，最终买下自己心仪的一支。在传统购物过程中，这些是如此自然，因为真实的商品就在顾客眼前。而如果将场景切换到在网店购买这支笔时，因为顾客无法真实地触摸和感知商品，只能通过展示商品的图片来判断是否购买。因此这些图片是否美观、信息是否全面，都直接影响着消费者的购买决定。

这些呈现在消费者眼前的图片和信息，通常要由专业人员通过对商品进行拍摄、美化、页面制作等步骤来完成，这一系列的工作就被称为商品信息的采集与编辑，简称为商品采编。

2. 商品采编的技术工艺流程

现在越来越多的人会在网上发布自己的旅游攻略，一方面可以对自己的游玩做一次纪念性的总结，另一方面可以与朋友分享自己的游览心得和经验。旅游攻略的写作主要由三个部分组成,包括风景拍摄、风景图片的美化和游记的写作。商品采编的流程与旅游攻略的写作流程具有很大的相似性,一般包括三个环节:商品拍摄、图片美化、详细页设计,如图 1-1 所示。

（a）旅游攻略的写作流程

（1）商品拍摄。在正式拍摄之前,要考虑所摄商品的特性和实际情况,将拍摄场地选在摄影棚或是合适的室内(外)。然后,利用专业的摄影器材和拍摄方法多角度地拍摄商品,将商品的各种信息和特点都尽量用照片体现出来,让照片上的商品呈现最佳效果。

（b）商品采编的技术工艺流程

图 1-1　流程图

（2）图片美化。在商品采编中,对所摄照片加以美化是必不可少的,通常需要运用 Photoshop 等图像处理软件对所摄照片进行美化处理,比如:调整尺寸、调整亮度(对比度)、修复瑕疵等,让图片变得更为美观,更加吸引消费者。

（3）详细页设计。最后,我们要将处理后的商品图片拼接起来进行图文编排,提供消费者想要知道的信息,最终出炉一份出色的商品图文详细页。图 1-2 是苹果的商品采编流程。

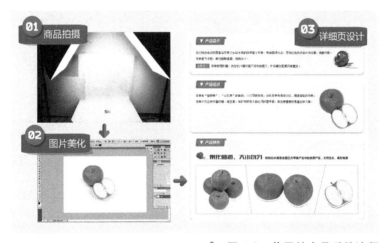

图 1-2　苹果的商品采编流程

这三个步骤看似简单,却蕴含了相当丰富的技术技巧,真正做出一份能吸引消费者购买的商品图文详细页并不容易。希望当学习完本门课程后,我们能够真正认识商品采编,掌握必要的技能,自主制作出各种类型商品的购物展示网页。

1.1.2　商品采编在电子商务中的重要性

苏轼说过一个"盲人识日"的故事。盲人不知道太阳是什么样子,向人们询问太阳的样子。有的人告诉他说:"太阳的形状像铜盘。"盲人敲了一下铜盘,听到了铜盘的响声。有一天他听见钟声,认为那就是太阳。又有人告诉他:"太阳的光亮像蜡烛。"盲人摸了摸蜡烛,感知了它的形状。有一天他摸到短笛，以为那就是太阳。太阳与钟、短笛相差太远了，而盲人却分辨不出它们的不同。

消费者在虚拟的电子商务中购物，在某种意义上正如盲人识日。网络虽然突破了时间和空间的界限，但也让消费者无法依靠现场的视觉、触觉、嗅觉去切身了解和体验商品，而消费者在购物过程中又不可避免地需要了解商品的各种信息，这就需要通过图片和文字的介绍来弥补。只有清晰、完整的商品描述才能让消费者在最大程度上了解商品，从而让他们在购物时不会像盲人识日一样，对所购买的商品认识出现较大的偏差。具体来说，商品采编的重要性可归纳为如下四点：

1. 传递商品信息

商品详细页是传递商品信息的窗口，消费者在实体店进行购物时，可以直观地看到、摸到商品，了解商品的详细信息。而在网购过程中，他们只能通过网页上的图片和文字等内容了解商品。作为卖家需要从消费者的角度出发，了解商品的哪些方面是消费者想要知道的，从而将这些信息在页面中完整、清晰地展示出来。例如，在易迅网的商品介绍页面中向消费者传递了商品的五大类信息：产品介绍、商品评价、规格参数、售后服务、参考资讯，如图1-3所示。

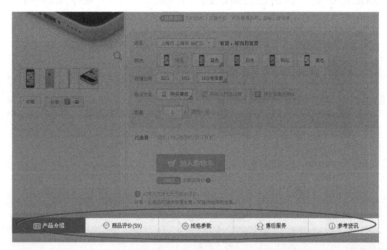

图1-3　易迅网向消费者传递的五大类信息

2. 增加客服工作效率，降低运营成本

在电子商务中，顾客如果想要了解商品，一般是先与商品介绍页面进行"沟通"。商品详细页的信息不在于多，而在于精。好的商品详细页能够准确把握消费者心理，将有效信息传递给消费者，使消费者无需咨询客服，仅仅通过浏览页面就能决定购买与否，从而降低电商运营的客服成本。商品详细页可以看作是店家想要对顾客说的话，说什么话、怎么说，都是很有讲究的。页面详细程度在很大程度上决定着消费者对客服的依赖程度，我们要做的就是提供尽可能详细且精确的信息，使顾客无需咨询客服就可以完成购买。

3. 提升产品品牌形象

电商企业在设计详细页的过程中需要通过挖掘商品信息、放大产品卖点来与其他竞争企业形成差异。在商品的采编过程中，专业化的商品拍摄以及设计感强的详细页制作有助于形成这种差异并让消费者产生良好的购物体验。商品详细页作为直接与消费者接触的沟通媒介,设计精美的页面可以增加消费者的好感,有助于塑造积极、正面的品牌形象。图1-4(a)和(b)为两张不同的服装商品详细页,它们展示了不同的商品品质。与图1-4(a)相比,图1-4(b)的图片拍摄和页面设计更能提升产品的品牌形象,也能让消费者更加信服。

(a)　　　　　　　　　　　　　　　　(b)

图1-4　两张服装商品详细页的对比

4. 提高转化率

好的商品详细页可以将消费者的意愿直接转化为购买行为,提升商品销量。如图1-5所示,一款相同的衣服,使用两种不同的展示方式会带来不同的效果,图1-5(b)有模特试样的图片,这可以向消费者提供更立体的商品展示,让消费者知道穿在身上的效果,而图1-5(a)没有模特展示的图片,则不能给消费者带来立体、直观的感觉。可见,好的商品详细页可以更好地帮助消费者下单购买,提高转化率。

(a)　　　　　　　　　　　　　　　　(b)

图1-5　相同款式衣服的不同展示

1.1.3 商品采编工作的岗位设置

消费者通过商品采编的成果与商品和品牌进行沟通,采编工作的正常运转直接影响整个电商企业的健康发展,因此我们有必要去了解电商企业核心部门的设置以及它所起到的作用。根据企业性质的不同,分为以下三种类型来介绍商品采编工作的岗位设置。

1. 传统企业电商运营部门

近年来,随着天猫等各大电商网站的出现,越来越多的人开始在网上购买商品,网购成为一种常见的消费方式。为了迎接变化,许多品牌商开始在网上开设店铺。为了更好地服务消费者,这些品牌商开设了电商运营部来管理网上店铺。电商运营部下设多个组别,其中美工组起到了重要的作用,通常由三人组成,即组长一名、组员两名。组长负责美工组日常管理工作,配合店铺运营完成推广版面的设计及活动素材的总结归档工作;组员负责商品素材的搜集(拍摄)、图片的美化和店铺页面的制作,协助运营组制作活动素材,如图1-6所示。

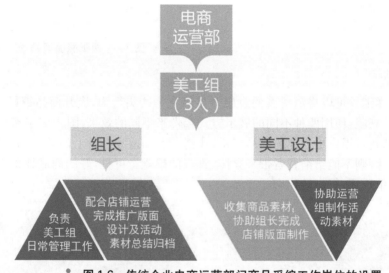

图1-6 传统企业电商运营部门商品采编工作岗位的设置

案例一:

近年来,女装行业竞争激烈,为了迎合市场需求,某著名女装品牌决定开设网店,并为此成立了电商运营部,下设机构包含多个组别。其中美工组负责线上商城的版面设计和商品详细页的制作。该组由三名员工组成,组长负责日常工作的统筹安排,组员负责商品素材搜集、详细页制作等工作。

每年传统的双十一购物节来临了,美工组组长对促销页面设计思路进行整理,确定页面制作方案,并分配工作任务。组员搜集服装素材,按照方案完成页面设计。大促当天,该商城销售火爆。

2. 电商视觉服务公司

当品牌的网店效益越来越好的时候,就需要其他专业公司来协助,即电子商务视觉服务类公司。电商品牌会将商品摄影、图像处理、店铺设计与后期包装等业务交给这类公司来完成。针对商品采编的三个流程设有专门的工作岗位,主要组织架构和岗位设置如图1-7所示。摄影助理辅助摄影师共同完成商品的拍摄,包括场景的选择、灯光的设置等;图片美化由文案和美工共同完成,美工负责图片的美化和修饰,文案负责配上相关的商品介绍文字;在商品详细页的设计制作过程中,设计师对图片和文字进行排版和美化,设计师助理负责完成辅助工作。

图 1-7　电商视觉服务公司工作岗位的设置

案例二:

案例一中的服装公司由于规模扩大,产品种类增加,美工组已经无法保质保量地完成日常的工作。为了解决这一问题,公司开始寻求电商视觉服务公司的帮助,通过他们来完成商品详细页的设计及网店的包装工作。

电商视觉服务公司派专人与该服装公司相关负责人接洽商讨后确定了设计方案。服装公司将需要拍摄的服装送到视觉服务公司,由专业的摄影师完成商品拍摄。拍摄后,摄影师进行选图。随后,美工对图片进行简单的调整,设计师根据服装公司的要求完成对商品详细页的设计。

3. 普通网店

普通网店由于规模、资金有限,通常由一人(店主或美工)完成商品拍摄、图片美化、详细页制作及上传等工序,如图1-8所示。

图 1-8　普通网店工作岗位的设置

实战训练

在招聘类网站使用“商品采编”、“网店美工”等关键词,收集10家电商企业关于商品采编工作岗位的招聘要求。

任务 1.2 不同岗位的技能要求

任务目标

（1）理解商品拍摄岗位的技能要求。

（2）理解商品图片美化岗位的技能要求。

（3）理解详细页制作岗位的技能要求。

任务描述

　　小刘通过任务 1.1 的学习，了解了不同规模电商企业的岗位设置。虽然他们的岗位设置存在差异，但是对于商品采编的技术要求是一致的，可以归纳为商品采编过程中的三种技能：商品拍摄、商品图片美化和详细页制作。

1.2.1 商品拍摄岗位的技能要求

1. 掌握单反相机的使用方法

图 1-9 单反相机

　　在拍摄商品时，我们需要一台相机，在相机的选择上，一般可采用单反相机，如图 1-9 所示。单反相机有着较多的功能并可设置许多参数，可以拍摄各种不同和复杂的场景。在单反相机的使用上，我们需要熟练掌握光圈和快门的使用方法。具体内容在项目 2 中会进行介绍。

2. 掌握不同类型商品的拍摄方法与技巧

　　不同类型的商品有着不同的拍摄手法和技巧，我们在实际的操作过程中应具体问题具体对待，这样才能拍摄出满意的照片。比如一些表面光滑的商品（如：金银饰品、瓷器、漆器、电镀制品等），它们的表面结构光滑如镜，具有强烈单向反射能力，直射灯光照射到这种商品表面，会产生强烈的光线改变。所以在拍摄这类商品时，一是要采用柔和的散射光线进行照明，二是可以采取间接照明的方法,即灯光作用在反光板或其他具有反光能力的物品上,通过反射出来的光照在商品上,这样能够得到柔和的照明效果。如图1-10所示的杯子拍摄实物图,可以明显地看到光对于拍摄的重要性。

(a)

(b)

图 1-10　不同光照下的杯子拍摄实物图

1.2.2　商品图片美化岗位的技能要求

1. 掌握常用的图像处理软件

商品拍摄完毕后,我们需要对图片进行处理,以达到图片美化的效果,一般采用Photoshop软件(简称"PS",它是目前最常用的图像处理软件之一)进行调整。因此在商品图片的美化过程中,我们要掌握Photoshop中常用工具的使用方法,如:裁剪工具、魔棒工具、色板工具、蒙版工具等,通过这些工具对图片进行简单的调整、修饰,如图1-11所示。

(a) 图片美化前

(b) 图片美化后

图 1-11　商品图片美化前后对比图

2. 掌握图文混排的方式

图文混排顾名思义就是将图片和文字通过艺术的形式整合到一起,以达到美化视觉的效果。好的图文排版可以让消费者产生良好的视觉享受,有利于增加其对商品的好感。图文排版可以分为四周型环绕、紧密型环绕、上下型环绕、浮于文字上方、衬于文字下方等几种形式,如图 1-12 所示。

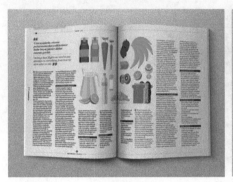

(a) 紧密型环绕　　　　　　　　(b) 上下型环绕　　　　　　　　(c) 衬于文字下方

图 1-12　图文混排的几种方式

3. 掌握基础配色法则

配色在图片的美化中有着重要的作用,好的配色可以让消费者感到身心愉悦,反之会让其产生不适。配色就是将颜色摆在适当的位置,做一个最好的安排,达到一种和谐的、融为一体的大效果。同时,配色可以改变空间的舒适程度和环境气氛来满足人们在视觉和心理方面的需求。

在图片的美化过程中,我们要根据商品的特点、属性以及店铺的风格使用合适的配色,以达到让人满意的效果。比如页面设计的经典颜色之一——蓝色,它深沉的特性可以让人更快地进入平静、专注的状态并使人长时间观看后不会有强烈的视觉刺激,给人一种理智、精确、智慧的感受,适用于学术交流、科技产品等网站。又如图 1-13 中红色和灰色的搭配,其中红色纯度较高,但明度却不高,给人一种厚重、浓烈的感觉,也有血液一般的强烈的视觉冲击力,而和灰色的搭配使得这种红色显得华丽。灰色与红色的搭配在现代设计中十分常见,京东商城在页面的设计上就采用了这种红色和灰色的经典搭配模式,如图 1-14 所示。

图 1-13　红色和灰色的搭配

图 1-14　京东商城主页面

商品详细页制作岗位的技能要求

1. 掌握 Photoshop 软件中各种工具的组合使用方法

　　在完成商品图片美化后,我们需要将美化的图片整合起来形成商品详细页,这就要求我们熟练掌握 Photoshop 高阶工具以及各工具的组合使用技巧。表 1-1 中是常见的几种 PS 工具组合使用的方法,其中包括图片美化的 11 种工具和 20 种效果以及页面制作的 11 种工具和 26 种效果。

表 1-1　Photoshop 中图片美化和页面制作的工具和用法

图片美化(工具/用法)	页面制作(工具/用法)
1. 用魔棒工具在强对比的图片中抠图 2. 用多边形工具制作圆形背景效果图片	1. 图层(图层选择、图层样式) 2. 填充颜色 3. 文字编辑
1. 用钢笔工具抠素材图 2. 用描边工具制作图片描边 3. 借助图像变形工具对图片进行调整	1. 背景图层制作(圆角矩形工具) 2. 虚线框制作(钢笔工具) 3. 圆形组合排列(椭圆工具)
1. 用钢笔工具进行人像抠图 2. 用图层蒙版制作衬底图片	1. 钢笔抠图 2. 描边工具的使用 3. 环形组合搭配 4. 引导线制作(矩形工具、钢笔工具、排版)
1. 用钢笔工具、填色工具制作表格 2. 用矢量蒙版工具制作图片包边	参考线(精确排版)
1. 用剪贴蒙版工具对图片整合排版 2. 用矩形工具设计图框	1. 椭圆工具、蒙版工具(半弧制作) 2. 蒙版工具(图片融合)

2. 掌握详细页的构图布局

在商品详细页的设计过程中,应掌握页面排版的构图布局,让整个页面看起来井然有序,使得消费者在页面浏览的过程中得到舒适的体验。图 1-15 是几种常见的详细页构图布局。

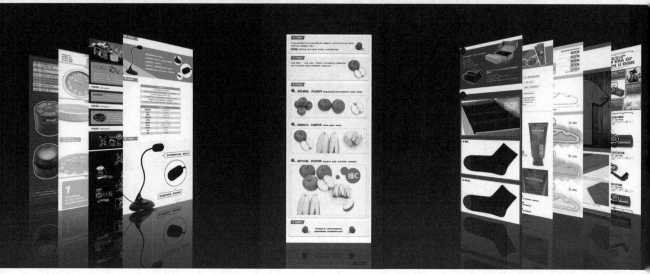

图 1-15　几种常见的详细页构图布局

 实战训练

在购物网站上收集 10 种不同类型商品的商品详细页。

任务1.3 商品采编未来的发展趋势

 任务目标

（1）了解电子商务移动平台的发展趋势。

（2）了解电子商务商品采编设计的发展趋势。

（3）了解电子商务中的虚拟互动技术。

 任务描述

小刘通过前面两个任务的学习，对商品信息采编的现状有了全面的了解。培训老师告诉小刘：光知道现在还不行，还要知道将来，我们从平台、设计、技术三方面的发展来介绍商品采编未来的发展趋势。

1.3.1 移动平台的发展

"2015淘宝天猫双11全球狂欢节"全天交易额达912.17亿元，其中无线端成交626.42亿元，占比68.67%，而在2014年双11时仅为45%。京东的双11数据也同样显示：无线端交易占比已超过70%。从这些数据中可以看出：使用手机购买商品的消费者将会越来越多。手机等移动终端具有其他电子设备所不具备的优势，它实现了随时随地购物的便捷性。未来移动电商将成为电子商务领域中的一个新的增长点，代表了未来电商发展的趋势。

如图1-16所示，随着终端显示尺寸多样化和消费者浏览习惯的改变，设计师需要在移动终端上对图片尺寸和页面布局进行相应的调整。这些改变可以让消费者在移动平台上获得更好的购物体验，使消费者享受到移动平台带来的购物乐趣和便捷感。

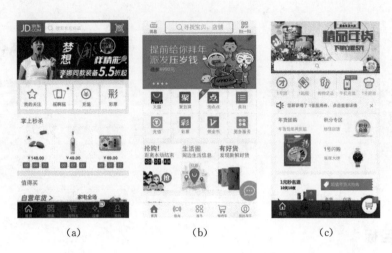

<blockquote>
（a）　　　　　　（b）　　　　　　（c）
</blockquote>

图 1-16　移动平台

1.3.2　扁平化设计

扁平化是一个新鲜的词汇,它不仅带来了设计理念的变革,同时也发起了一场设计革命。扁平化的设计理念即放弃一切装饰效果(如:阴影、透视、纹理、渐变等),所有元素的边界都干净利落,没有任何羽化、渐变或阴影。此外,它还意味着工作步骤的减少,不再需要前期的采集,只需要通过色块的拼接就可以完成设计工作,这在很大程度上代表着设计变革的一种潮流。

如图 1-17 所示,扁平化的设计概念主要是通过丰富的色彩和有趣的图形来传达信息的,给人耳目一新的感觉,用户在这样的界面上操作,也会感到舒服和自然。不难发现,目前已经

图 1-17　扁平化设计

有一些电商平台及商家在店铺装修中引入了扁平化设计，如图 1-18 所示。未来将会有更多扁平化的设计呈现在消费者眼前。

图 1-18　扁平化设计的电商平台

1.3.3　虚拟互动技术

在网上购买衣服等商品时总会遇到这样的困难：不能试穿怎么才能知道这件衣服穿在自己身上的效果呢？为了解决这样的问题，很多电商公司都开始研究新的解决方法。目前一些电商正在研发移动端用户的"试穿试戴"功能，用户可以通过拍照、修改形象、更换模特、更换背景、调整姿势、移除全部衣服几项功能体验试穿，如图 1-19 所示。虚拟互动技术的进步预示着网购已经开始朝着虚拟穿戴的方向发展，未来用户足不出户，即可买到适合自己身材的衣服、鞋帽。

图 1-19　试穿功能

 实战训练

收集 10 家电子商务移动平台的基本资料（销售数据、界面截图等），结合本任务所学知识进行讨论。

项目评价

● 自我评价

主要内容		自我评价等级（在符合的情况下面打"√"）			
		全都做到了	80%做到了	60%做到了	没做到
任务1.1	收集10家电商企业关于商品采编工作岗位的招聘要求				
任务1.2	收集10种不同类型商品的商品详细页				
任务1.3	收集10家电子商务移动平台的基本资料				
自我总结	我的优势				
	我的不足				
	我的努力目标				
	我的具体措施				

● 小组评价

主要内容		小组评价等级（在符合的情况下面打"√"）			
		全都做到了	80%做到了	60%做到了	没做到
任务1.1	收集10家电商企业关于商品采编工作岗位的招聘要求				
任务1.2	收集10种不同类型商品的商品详细页				
任务1.3	收集10家电子商务移动平台的基本资料				
建议					

组长签名：　　　　　年　　月　　日

● 教师评价

主要内容		教师评价等级(在符合的情况下面打"√")			
		优秀	良好	合格	不合格
任务 1.1	收集 10 家电商企业关于商品采编工作岗位的招聘要求				
任务 1.2	收集 10 种不同类型商品的商品详细页				
任务 1.3	收集 10 家电子商务移动平台的基本资料				
评语	教师签名：　　　年　　月　　日				

项目小结

　　本项目通过与电子商务行业的实际工作结合,介绍了商品采编的定义及其各工作岗位所需的专业技能,以及商品采编未来的发展趋势。我们通过本项目的学习,可以对商品采编有初步的理解和认识,之后的项目将围绕商品采编的拍摄技法展开详细的讲解。

项目 2
商品拍摄的常用技法

　　在了解了商品采编工作的基本情况后,公司又组织了一次关于相机拍摄技法的培训。在课程中,通过对不同商品的拍摄方法加以举例说明,使学员们更容易掌握商品拍摄的常用技法。在商品拍摄中,拍摄的主要工具是单反相机,因为单反相机有着较为专业的性能,包括快门、光圈、感光度 ISO、白平衡等。在某些场景下也可以使用微型单反相机、卡片机,甚至是手机进行拍摄。目前的拍摄器材已经越来越智能化了,除了某些特殊的场景需要采用手动模式,一般基本采用全自动模式进行拍摄。(本项目除了特别注明处,其余都默认使用自动模式进行拍摄)

知识目标

(1) 掌握关于相机的基础知识。
(2) 掌握商品拍摄布局的知识。
(3) 掌握商品拍摄光源布置的知识。
(4) 熟悉商品的拍摄环境。

技能目标

(1) 掌握相机的使用技巧。
(2) 掌握商品摆放的技巧。
(3) 掌握光源布置的技巧。

情感目标

(1) 具备良好的创新意识。
(2) 具备一定的构图意识。

任务 2.1 相机的使用技巧

任务目标

（1）掌握相机的基本使用方法。
（2）掌握玻璃制品的拍摄技巧。
（3）掌握小件商品及商品细节部位的拍摄技巧。
（4）掌握人物模特的拍摄技巧。
（5）掌握水花效果的拍摄技巧。
（6）掌握"白加黑减"的拍摄技巧。

任务描述

　　培训老师告诉小刘，拍摄商品照片是商品采编工作中最基本的一环，想要拍出漂亮、直观、能吸引消费者的商品照片，最关键的就是掌握相机的使用技巧。这里列举了五例常用的商品拍摄技巧，使我们掌握相机的使用方法并能运用摄影构图、摄影用光等技巧拍摄照片。

2.1.1 相机的简单介绍

1. 相机的类型

　　（1）卡片机：它是一种外形小巧、机身相对较轻的数码相机。卡片机价格便宜、携带方便、操作简单，但由于其机身小巧，镜头无法做大，所以照片拍摄质量逊于微单和单反相机，如图2-1所示。

　　（2）微单：它是一种介于数码单反相机和卡片机之间的跨界产品，其结构上最主要的特点是没有反光镜和棱镜，如图 2-2 所示。

　　（3）数码单反相机：即单镜头反光数码相机。它能使观景窗中所看到的影像和胶片上永远一样，它的取景范围和实际拍摄范围基本一致，消除了旁轴平视取景照相机的视差现象。

图 2-1　卡片机

图 2-2　微单

2.　数码单反相机的结构及功能（以佳能 7D 为例）

（1）机身正面结构，如图 2-3 所示。

减轻红眼/自拍指示灯
快门按钮
遥控感应器
镜头卡口

内置闪光灯/自动对焦辅助灯
麦克风
闪光灯弹出按钮
镜头释放按钮
景深预览按钮
反光镜

图 2-3　机身正面结构图

（2）机身背面结构，如图 2-4 所示。

单按RAW+JPEG/直接打印按钮
扬声器
速控按钮
菜单按钮
照片风格选择按钮
信息按钮
回放按钮
删除按钮
液晶监视器

开始/停止按钮
自动对焦启动按钮
自动曝光锁/索引/缩小按钮
自动对焦点选择/放大按钮
多功能控制按钮
光线感应器
速控转盘
设置按钮
数据处理指示灯
速控转盘开关

图 2-4　机身背面结构图

（3）机身顶面结构，如图2-5所示。

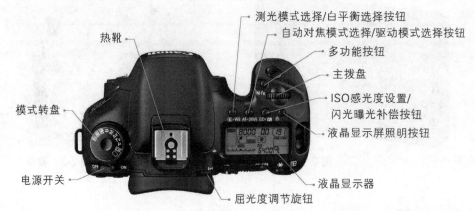

图2-5　机身顶面结构图

（4）镜头结构，如图2-6所示。

图2-6　镜头结构图

3. 相机的主要附件

（1）闪光灯。

闪光灯是指在摄影时所使用的人造光源。闪光灯多用于光线较暗场合的瞬间照明，也用于光线较亮场合的局部补光，如图2-7所示。

图2-7　闪光灯

（2）遮光罩。

遮光罩是安装在数码相机以及摄像机前端的遮挡有害光的装置，也是最常用的摄影附件之一。遮光罩有金属、硬塑、软胶等多种材质。不同镜头用的遮光罩型号是不同的，并且不能交换使用，如图2-8所示。

图2-8　遮光罩

（3）三脚架。

三脚架的主要作用就是稳定照相机，以达到某种摄影效果，如图2-9所示。

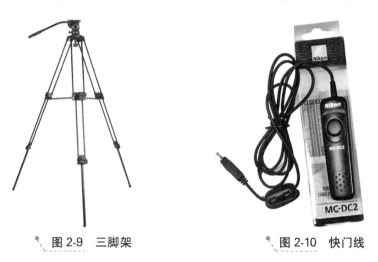

图2-9　三脚架　　　　　　　　图2-10　快门线

（4）快门线。

快门线是一种可以控制相机拍照的装置，一头接在快门上，一头可以用手按动，从而防止因接触相机表面所导致的震动，如图2-10所示。

4　相机的主要参数

（1）曝光模式：通常分全自动曝光模式（AUTO或绿色方块）、程序自动曝光模式（P）、快门优先曝光模式（S或TV）、光圈优先曝光模式（A或AV）、手动曝光模式（M）等，如图2-11所示。照片的好坏与曝光量有关。曝光量与通光时间（快门速度）、通光面积（光圈大小）有关。

① 全自动曝光模式(绿色方框或 AUTO)。

在这种模式下,大多数设置由相机自动决定。

② 程序自动曝光模式(P)。

在这种模式下,相机自动设置快门速度和光圈值,而曝光补偿、白平衡、感光度等参数可手动设置。

③ 快门优先自动曝光模式(S 或 TV)。

在这种模式下,可以设定快门速度,相机自动设定光圈值以获得正确的曝光。这一模式多用于拍摄动态的主体。

④ 光圈优先自动曝光模式(A 或 AV)。

这一模式与快门优先自动曝光模式相反,可以手动设置光圈值,相机自动设定快门速度以获得正确的曝光,利用这一模式可以有效控制景深的大小。

⑤ 手动曝光模式(M)。

在这种模式下,可以根据需要设定快门速度和光圈值。

⑥ 微距模式。

微距模式常被用在拍摄商品的细节上,通常采用花形标记,即使相机与被摄主体十分接近,也能清晰拍摄。

图 2-11　主要的几种曝光模式

（2）白平衡。白平衡是显示器中红、绿、蓝三基色混合生成后白色精确度的一项指标。它是实现相机图像能精确反映被摄物的色彩状况的重要参数，即在不同的光照条件下，使白色物体能够呈现出人类肉眼所见的正常白色，常见的白平衡模式有自动白平衡、白炽灯白平衡、荧光灯白平衡、日光白平衡、阴天白平衡、阴影白平衡、闪光灯白平衡和手动白平衡等，如图 2-12 所示。

图 2-12　白平衡设置

表 2-1　白平衡的各模式介绍

模式	说　　明
自动	一般以 AUTO 或 AWB 表示，相机自动调整白平衡，这是最常用的模式
白炽灯	在白炽灯的光线环境下，照片会有偏黄或偏红的现象，此模式能进行色彩校正
荧光灯	用以校正荧光灯作为主光源时照片的色彩偏差，注意区分荧光灯的类型（冷白或暖白）
日光	这一模式通常会被用在户外拍摄
阴天	这一模式适用于阴天或多云天气的户外拍摄
阴影	拍摄对象处于阴影时使用，可对阴影处的冷色进行补偿
闪光灯	在闪光灯作为主光源时使用，可对偏蓝色的闪光灯光线进行补偿
手动	根据特定的光源手动设置白平衡

（3）感光度。感光度又称为 ISO 值，是衡量底片对于光的灵敏程度的数值。调高感光度可以增加照片的光亮度，但同时也可能增加照片的噪点，如图 2-13 所示。

图 2-13　感光度设置

（4）对焦。对焦是指通过相机的对焦机构变动物距和相距的位置，从而使被摄物成像清晰的过程，如图 2-14 所示。通常，数码相机的对焦方式有自动对焦、手动对焦和多重对焦。在使用数码单反相机时，只要瞄准被摄主体，半按快门就能够完成对焦。

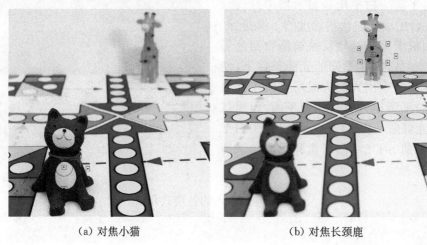

(a) 对焦小猫　　　　　　　　　　　(b) 对焦长颈鹿

图 2-14　对焦

（5）光圈。光圈是一个用来控制光线透过镜头、进入机身内感光面的光量的装置，它通常是在镜头内，可以通过在镜头内部加入多边形或者圆形以及面积可变的孔状光栅来控制镜头的通光量，常用 F 值来表示光圈大小，如图 2-15 所示。

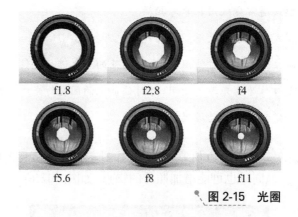

f1.8　　　　f2.8　　　　f4

f5.6　　　　f8　　　　f11

图 2-15　光圈

（6）景深。景深是指当镜头对焦被摄主体时，被摄物体及其前后可以清楚成像的距离范围，如图 2-16 所示。

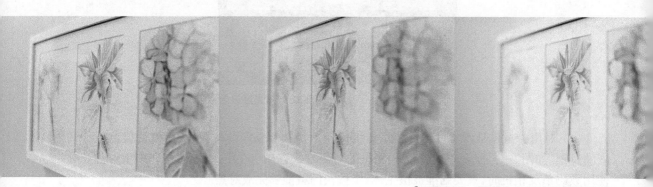

图 2-16　景深由大到小的效果比较

（7）快门。快门是镜头前阻挡光线进来的装置，一般而言快门的时间范围越大越好，如图2-17所示。快门速度的单位是"秒"，数码单反相机常见的快门速度有1/2、1/4、1/8、1/15、1/30、1/60、1/125、1/250、1/500、1/1000和1/2000等。

(a) 以1/4秒的快门速度拍摄　　　　(b) 以1/20秒的快门速度拍摄　　　　(c) 以1/125秒的快门速度拍摄

图2-17　以不同快门速度拍摄的效果比较

（8）曝光补偿：曝光补偿也称为EV（曝光值）调整，是指在摄影过程中通过对曝光值的调整来达到最佳摄影效果的一种技术手段，如图2-18所示。

(a) −1.0EV　　　　　　　(b) 0EV　　　　　　　(c) 1.0EV

图2-18　曝光补偿比较

5. 相机的握持方法

相机的握持方法分为水平握持和竖直握持，如图2-19所示。同时，可以将相机的背带挂

(a) 水平持握　　　　(b) 竖直持握

图2-19　相机的持握方法

在脖子上或是缠绕在手腕上加以固定，如图 2-20 所示。

（a）背带挂在脖子上   （b）背带缠绕在手腕上

图 2-20　相机的固定方法

6. 主要的构图形式

（1）井字形构图法。这是最为常见的一种构图方式，即通过两条横线与两条竖线将画面进行等分，这时 4 条线就构成了井字形，并在画面中产生了四个交点，如图 2-21 所示。

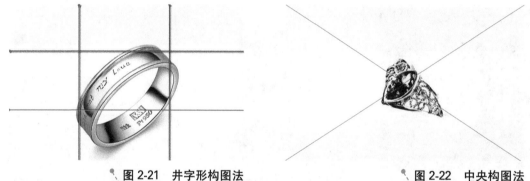

图 2-21　井字形构图法　　　　　　　　　　　图 2-22　中央构图法

（2）中央构图法。它是指将主体安排在画面中心进行拍摄的方法，如图 2-22 所示。

（3）对角线构图法。它是指将主体按照对角线排列并呈现在画面中，这种构图方法会让画面显得更有活力和延伸感。通常来说，条状物比较适合采用对角线构图法，如图 2-23 所示。

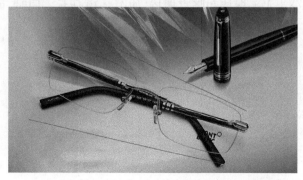

图 2-23　对角线构图法

2.1.2　玻璃制品的拍摄

玻璃制品的拍摄过程应强制关闭闪光灯,因为玻璃制品表面结构光滑如镜,具有强烈单向反射能力,直射灯光照射到这种商品表面会产生强烈的光线改变,导致照片出现过度曝光。图2-24是拍摄的两张玻璃杯照片,图2-24(a)由于开了闪光灯而导致曝光过度,图2-24(b)正常曝光。在拍摄玻璃制品的过程中,应该采用柔光灯对拍摄物品均匀布光,这样才不会在反光的玻璃制品表面留下拍摄者的影像。

(a)　　　　　　　　　　(b)

图 2-24　玻璃制品的拍摄

2.1.3　小件商品及商品细节部位的拍摄

在小件商品的拍摄过程中,为了突出产品的细节,获得景深效果,需要采用大光圈进行拍摄。在使用数码单反相机的拍摄过程中,以下三种因素和光圈景深有关。

（1）镜头光圈:光圈越大,景深越小;光圈越小,景深越大。

（2）镜头焦距:镜头焦距越长,景深越小;镜头焦距越短,景深越大。

（3）拍摄距离:距离越远,景深越大;距离越近,景深越小。

如图 2-25 所示,我们采用了大光圈进行拍摄,达到了模糊背景、突出产品细节的效果(参考参数:光圈 F5.6、快门 1/200 s)。

图 2-25　小件商品及商品细节部位的拍摄

2.1.4 人物模特的拍摄

现在越来越多的电商都开始通过模特来展示服装,这就要求在拍摄过程中采用具体的应对措施。拍摄模特照时需要采用小光圈来进行拍摄,光圈越小,景深越大,即拍摄所得到的图像整体就越清晰,就能全面展示商品的细节和整体效果。如图 2-26 所示的模特拍摄中,我们采用了小光圈设置,可以较为全面地展示童装的特色和上身效果(参考参数:光圈 F11、快门 1/125 s)。

🔖 图 2-26　人物模特的拍摄

2.1.5 水花效果的拍摄

在拍摄运动中的物体时,我们需要掌握快门的具体使用方法。快门速度越快,拍摄运动物体就越清晰,快门速度越慢就越模糊。即在单反相机的数据设置中,快门数值越小,表示速度越快,适合拍摄高速运动的物体;快门数值越大,表示速度越慢,适合拍摄低速运动的物体。如图 2-27

🔖 图 2-27　水花效果的拍摄

所示,在拍摄水花四溅的场景中,我们可以使用高速快门将画面定格,展现水花四溅的效果,同时体现了水的清爽口感,使画面具有冲击力(参考参数:光圈 F8、快门 1/125 s)。

2.1.6 "白加黑减"的拍摄技巧

1. 大面积白色

在拍摄大面积白色商品时可能会出现画面偏灰的情况,从而不能很好地还原商品本身的颜色。遇到这样的情况时,我们可以尝试增加曝光补偿。曝光补偿是一种曝光控制方式,范围一般在±2～3EV 左右,如果环境光源偏暗,即可增加曝光值以突显画面的清晰度。曝光补偿能有意识地变更相机自动演算出的"合适"曝光参数,让照片更明亮或者更昏暗,以此来达到真实的画面效果。如图 2-28 中对白色移动电源的拍摄,适当增加曝光补偿,还原了移动电源本身的白色。

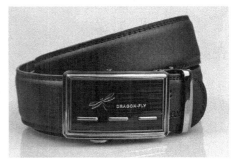

图 2-28　大面积白色商品的拍摄　　　图 2-29　大面积黑色商品的拍摄

2. 大面积黑色

在拍摄大面积黑色商品时,相机的自动测光系统会认为曝光不足而增加曝光量,导致画面曝光过度出现偏灰的色彩。遇到这样的问题时,我们可以通过使用数码单反相机的曝光补偿功能降低曝光值,以此来还原真实的商品颜色,如图 2-29 所示。

 实战训练

请说明以下五种商品(场景)在拍摄时分别需要使用哪些拍摄技巧。
(1)玻璃牛奶瓶;(2)纽扣;(3)服装模特;(4)水滴溅落;(5)雪地。

任务2.2　商品摆放的技巧

任务目标

（1）掌握食品类商品的摆放方法。
（2）掌握服饰类商品的摆放方法。
（3）掌握鞋类商品的摆放方法。

任务描述

培训老师告诉小刘，所谓商品摆放技巧也可以理解为商品的布局，在这里主要介绍静物画面的摆放构图技巧。商品拍摄时的摆放应遵循摄影在构成上的要求，在某些方面，商品拍摄的摆放要求比普通摄影更高、更细，画面中各种关系的处理也要求更合理。

在日常的商品拍摄过程中，我们会遇到不同类别商品的摆放，主要有食品类商品摆放、服饰类商品摆放、鞋类商品摆放等。这里就介绍这几种主要类别商品的摆放技巧。

2.2.1 食品类商品的摆放

1. 点缀法

（1）新鲜蔬菜点缀披萨。

在拍摄诸如披萨等的熟食产品时，我们可以添加一些新鲜的蔬菜作为陪衬，以丰富画面的颜色，让食物看起来更加新鲜可口，如图 2-30 所示。

图 2-30　新鲜蔬菜点缀披萨

图 2-31　水珠点缀水果

（2）水珠点缀水果。

在拍摄苹果等水果时，我们可以着重运用特写，将水果的细节展现出来。另外，在水果表面洒水可以将其拍摄得更加新鲜、艳丽。在拍摄中，为了使水珠能够"挂"在水果上，可以事先在水果上抹一点植物油，这样拍摄出来的效果会更加美观，如图 2-31 所示。

（3）将水果切成不同的形状。

在拍摄中，为了避免出现雷同的主体，可以将其切成不同的形状进行拍摄，这样既可以避免雷同感，同时能让画面看起来更加饱满，如图 2-32 所示。

图 2-32   将水果切成不同的形状

2. 仿真道具法

在拍摄过程中，我们经常会遇到一些食品是易碎、不易保持形状或易腐坏变色的，这时候就需要使用仿真商品。它们具有携带方便、能长时间保存等优点，以供摄影师多角度拍摄。

（1）碎玻璃代替冰块。

在拍摄冰块时，冰块在灯光下的融化速度远远超出想象，这时可以利用碎的有机玻璃代替冰块进行拍摄，这种技巧可为摄影师提供较为充足的商品拍摄时间，如图 2-33 所示。

（2）仿真水果和蔬菜。

在拍摄水果和蔬菜时，我们可以利用一些仿真素材做出自己想要的造型，这也可以让商品的色彩变得更加艳丽，如图 2-34 所示。

图 2-33   碎玻璃代替冰块

图 2-34   仿真水果和蔬菜

2.2.2   服饰类商品的摆放

1. 围巾的摆放

在拍摄围巾等服饰类商品时，被拍摄物体的形态非常重要，由于此类被拍摄物品质地比较柔软,具有较强的可塑性,所以可以将围巾挽起来,并将其摆放成一定的形状,突出围巾的线条感,让平铺的画面看起来更具立体感,如图 2-35 所示。

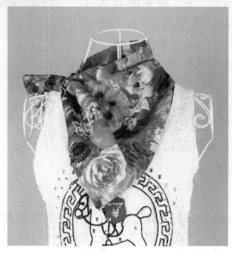

图 2-35 围巾的摆放

2. 衣服填充拍摄

在拍摄一些服饰产品时,由于条件的限制,可能没有模特来帮忙进行拍摄。为了突出衣服的立体感,让消费者对服饰的样式和款型等有更加直观的感受,我们可以利用一些物体在衣服内部进行部分填充,另外也可以使用一些立体衣架等工具,如图 2-36 所示。

(a)   (b)

图 2-36 衣服填充拍摄

3. 裤子折叠摆放

在拍摄裤子等产品时,我们可以将其适当折叠,以此来展现裤子的裤型和质感,使消费者有更加立体的感知。比如,我们可以对裤子中的一条裤管进行弯折,并且做出一些形状,丰富画面的线条感。又如,我们可以将两条裤管适当卷起,丰富裤腿的形状变化,同时也可以通过翻边来展现裤管的内部材质,如图 2-37 所示。

（a）

（b）

图 2-37　裤子折叠摆放

2.2.3　鞋类商品的摆放

1. 多双摆放—搭配色彩

　　在拍摄一些色彩较为艳丽的商品时，可以将多种颜色的鞋子随意地摆放在一起进行拍摄，画面虽然不规则，但是会给人强烈的视觉冲击感。此外，也可以将不同颜色的鞋子有规律地摆放在一起，展现鞋子的颜色，给人一种整洁的画面感。同时，这样的多色摆放和布局也可以便于消费者进行充分的比较和选择，如图 2-38 所示。

图 2-38　多双摆放—搭配色彩

2. 单双摆放—搭配鞋盒

在拍摄单双鞋子时,可以将鞋盒放置于画面中,这样既不会显得画面单调,又可以展示产品的品牌,如图 2-39 所示。

(a)

(b)

图 2-39　单双摆放—搭配鞋盒

3. 运动鞋的摆放—搭配属性

我们可以利用运动鞋属性的不同来进行适当的搭配,这样的拍摄方法能使消费者更有情境感,从而增加其购买欲。例如,在拍摄篮球鞋的时候,我们可以将鞋子放置于篮球上,用篮球来衬托鞋子,这样能更好地诠释鞋子的功能,如图 2-40 所示。

图 2-40　运动鞋的摆放—搭配属性

 实战训练

请为以下四种商品找出三种以不同方式摆放的照片。
(1)苹果;(2)橙子;(3)衬衫;(4)登山鞋。

任务 2.3 光源布置的技巧

任务目标

（1）掌握顺光源布置技巧。
（2）掌握侧光源布置技巧。
（3）掌握顶光源布置技巧。
（4）掌握常见的布光方式。

任务描述

培训老师告诉小刘，摄影是用光造型的一门艺术。拍摄光线对商品的呈现尤为重要，它犹如一支神奇的画笔和五彩缤纷的颜料，可以使商品栩栩如生地展现在买家面前。人工光源是商品拍摄中使用最多的一种光源，主要是指各种灯具发出的光。它的发光强度稳定，光源的位置和灯光的照射角度均可以根据自己的需要进行调节。使用人工光源进行拍摄的具体方法要根据拍摄对象的具体条件，以及拍摄者对于表现方面的要求而定。

在实际的拍摄过程中，光线的方向是复杂多变的，主要分为顺光、侧光、顶光、底光、逆光等。不同方向的光源可以实现不同的拍摄效果，比如：顺光可以获得艳丽饱和的色彩，侧光可以获得层次分明的立体效果。下面将主要介绍顺光、侧光和顶光三种光线方向的拍摄。

2.3.1 顺 光

顺光是摄影中最常见的光线，应用也比较广泛。一般情况下，当光源、拍摄者和被摄者三者位于同一轴线上，光源来自拍摄者的后方，这时就是顺光拍摄。顺光拍摄的好处是使画面不会出现阴影，反差较小，可以很好地还原被拍摄主体真实的色彩、线条和环境氛围，如图 2-41 所示。

图 2-41　顺光

2.3.2　侧　光

　　侧光也是较为常见的摄影光线,摄影师和被摄主体一般处于同一轴线上,光线会从轴线的两边发出,这样被摄主体一侧受光,而另一侧会产生较为明显的阴影,可以凸显被摄主体的立体感,如图 2-42 所示。

图 2-42　侧光

　　侧光按照位置可以分为斜侧光和正侧光:

　　(1)正侧光。当光线与被摄体成 90°左右的角度时,称为正侧光。在正侧光的照明下,投影落在侧面,景物的明暗阶调各占一半,能比较突出地表现被摄物体的立体感、表面质感和空间纵深感。

　　(2)斜侧光。摄影师和被拍摄对象的连线与被拍摄对象和主光源的连线之间的夹角在顺光、逆光和正侧光以外的,即为斜侧光。

 **顶　　光**

　　顶光在摄影中的应用较为少见，但是在商品拍摄中应用得较为广泛。风景、人物的拍摄和商品拍摄不太一样，商品的顶面也需要展现给消费者，我们可以利用顶光来清晰地展示被摄主体的形象。此外，在顶光环境下拍摄需要将拍摄高度调节至略高于主体的位置进行拍摄，这样可以很好地展示商品的全貌，如图 2-43 所示。

图 2-43　顶光

 **常见的布光方式**

1. 正面两侧布光

　　这是商品拍摄中最常见的布光方式，正面投射出来的光线全面而均衡，商品展现全面，没有暗角，如图 2-44 所示。

（a）布光图

（b）效果图

图 2-44　正面两侧布光图

2. 两侧45度角布光

这种布光方式可以使商品的顶部受光,正面没有完全受光,适合拍摄外形扁平的小商品,不适合拍摄立体感较强且有一定高度的商品,如图2-45所示。

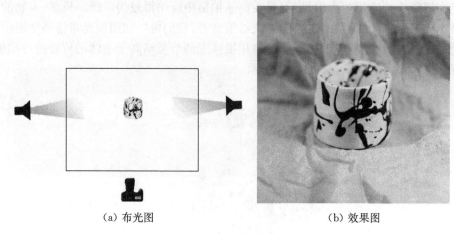

(a) 布光图　　　　　　　　　(b) 效果图

图2-45　两侧45度角布光图

3. 单侧45度角的不均衡布光

这种布光方式会使商品的一侧出现严重的阴影,底部的投影也会很深,商品表面的很多细节可能无法得以呈现。同时,由于减少了环境光线,反而会增加了拍摄的难度,如图2-46所示。

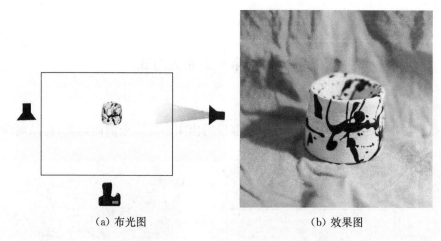

(a) 布光图　　　　　　　　　(b) 效果图

图2-46　单侧45度角的不均衡布光图

实战训练

使用台灯或手机闪光灯作为光源,拍摄发夹的三种布光效果(顺光、侧光、顶光)各一张。

任务2.4 商品的拍摄环境

任务目标

(1) 熟悉商品拍摄常见的辅助器材和工具。
(2) 熟悉小件商品的拍摄环境。
(3) 熟悉大件商品的拍摄环境。

💬 **任务描述**

培训老师告诉小刘,所谓商品的拍摄环境就是指在拍摄不同商品时,根据室内、室外不同的情况,通过背景板、静物台、灯光照明等摄影工具的有机组合形成适应商品拍摄的环境空间。这部分主要介绍通用的小件商品和大件商品的拍摄环境。

2.4.1 商品拍摄常见的辅助器材和工具

要想拍摄出理想的商品照片,除了需要相机及其主要附件、照明灯光以外,还需要柔光箱、静物台、反光板、背景板等辅助器材和工具。

1. 柔光箱

很多商品的照片,尤其是反光物件(如:金属外壳的商品)都有很均匀和广阔的光照,其秘诀就是使用了散射的光照效果,这种效果一般都是柔光箱起的作用。柔光箱装在照明灯上,能使照明灯发出的光更柔和,拍摄时能消除照片上的光斑和阴影。柔光箱由反光布、柔光布、钢丝架、卡口等部件组成,结构多样,常规的柔光箱为矩形,此外还有八角形、伞形、立柱形、条形、蜂巢形等多种类型,如图 2-47 所示。

运用硬卡纸、铝箔纸、硫酸纸、剪刀、直尺、胶水(双面胶)等材料即可自制柔光箱,具体步骤如下:

📷 **图 2-47 柔光箱**

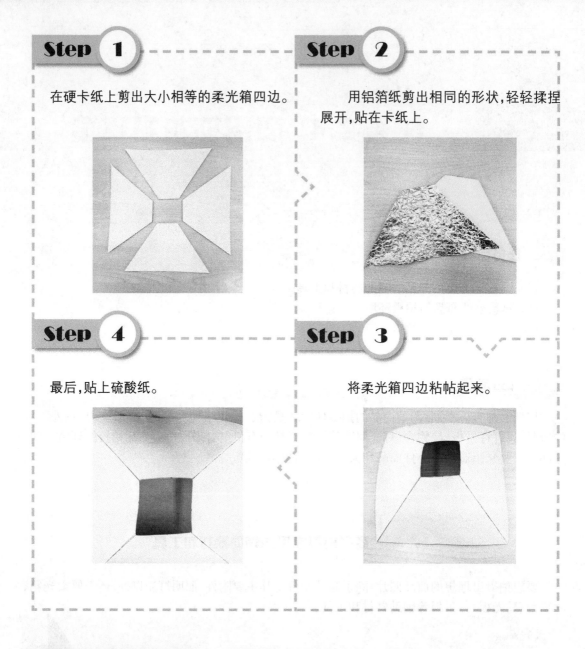

Step 1

在硬卡纸上剪出大小相等的柔光箱四边。

Step 2

用铝箔纸剪出相同的形状,轻轻揉捏展开,贴在卡纸上。

Step 4

最后,贴上硫酸纸。

Step 3

将柔光箱四边粘帖起来。

2. 静物台

静物台是摄影棚中的主要辅助器材,它主要用来拍摄小件静物商品,使商品可以展示出最佳的拍摄角度和最佳的外观效果。标准的静物台相当于一张没有桌面的桌子,并在其上覆盖了半透明的、用于扩散光线的大型塑料板,以便于布光照明,消除被摄物体的投影,如图 2-48 所示。

运用纸箱、白纸、硫酸纸、刀片、剪刀、胶水(双面胶)等材料可自制静物台,具体步骤如下:

图 2-48　静物台

Step 1

在纸箱的顶面、左右两边各开一个方洞。

Step 2

在纸箱内贴上白纸。

Step 4

根据需要在纸箱三个方洞上布置光源(如:台灯),将商品放在箱内即可拍摄。

Step 3

在三个方洞上粘贴硫酸纸。

3. 反光板

反光板是商品拍摄时常用的补光器材,使用反光板进行补光时,可使光线更加柔和。常用的反光板有白色、银色、金色和黑色。白色反光板的反光性能不是很强,效果更加柔和、自然。银色反光板比较明亮且光滑如镜,它能反射更为强烈的光线。金色反光板与银色反光板相似,也像光滑的镜子,但是与冷调的银色反光板相反,它产生的光线色调较暖。黑色反光板不是严格意义上的反光板,它是用来遮挡或减少光照的,如图 2-49 所示。

运用纸板、白纸(铝箔纸、金纸、黑纸)、剪刀、胶水(双面胶或玻璃胶)等材料可自制反光板。比如制作白色反光板,只要将白纸放在纸板上,四周包边粘贴住即可,如图 2-50 所示。

图 2-49　反光板

图 2-50　自制反光板

4. 背景板

背景板可以用来衬托商品，材料多为布或纸，可根据商品的色彩或主题选择相应材质和颜色的背景板，如图 2-51 所示。

图 2-51　背景纸

2.4.2　小件商品的拍摄环境

小件商品适合在简单的环境空间中进行拍摄，在拍摄时也不必占用很大的空间和面积。微型摄影棚能够有效地解决小件商品的拍摄环境问题，不需要复杂的布景，只需通过合理布光也能拍摄出漂亮、主体突出的商品图片。在小件商品拍摄的过程中，我们可以通过为其增加一些参照物和配饰，来衬托和增强商品的立体感和美感，如图 2-52 所示。

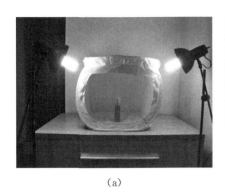
（a）

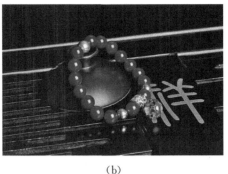
（b）

图 2-52　小件商品的拍摄

2.4.3　大件商品的拍摄环境

大件商品的拍摄应当选择空间较大的场地,室内、室外都可以。

1. 室内拍摄

在室内拍摄时要尽量选择单色、简洁的背景,照片中不宜出现与商品不相关的物体和内容（参照物和配饰除外）。图 2-53 所示的在室内用来拍摄大件商品的环境一般为专业摄影棚,室内拍摄对拍摄场地面积、背景布置、灯光环境等都有一定的要求,只有满足了这些拍摄条件才能拍出具有专业感的照片。

图 2-53　室内拍摄环境

2. 室外拍摄

室外拍摄一般会选择风景优美的环境作为背景,采用自然光加反光板补光的方式进行拍摄,这样的照片更能体现商品的风格和特色,比较容易营造泛商业化的购物氛围,也使得消费者能身临其境,从而提升其购买欲。一般服装类商品的拍摄会选择室外拍摄,如图 2-54 所示。

图 2-54　室外拍摄环境

 实战训练

使用静物台、柔光箱等辅助工具,自选一台相机,将手机作为商品拍摄照片(至少 2 张)。

项目评价

● 自我评价

主要内容		自我评价等级（在符合的情况下面打"√"）			
		全都做到了	80%做到了	60%做到了	没做到
任务 2.1	玻璃牛奶瓶的拍摄技巧				
	纽扣的拍摄技巧				
	服装模特的拍摄技巧				
	水滴溅落的拍摄技巧				
	雪地的拍摄技巧				
任务 2.2	苹果摆放的照片（3 张）				
	橙子摆放的照片（3 张）				
	衬衫摆放的照片（3 张）				
	登山鞋摆放的照片（3 张）				
任务 2.3	顺光拍摄（1 张）				
	侧光拍摄（1 张）				
	顶光拍摄（1 张）				
任务 2.4	使用静物台、柔光箱等辅助工具拍摄手机照片（至少 2 张）				
自我总结	我的优势				
	我的不足				
	我的努力目标				
	我的具体措施				

● 小组评价

主要内容		小组评价等级(在符合的情况下面打"√")			
		全都做到了	80%做到了	60%做到了	没做到
任务 2.1	玻璃牛奶瓶的拍摄技巧				
	纽扣的拍摄技巧				
	服装模特的拍摄技巧				
	水滴溅落的拍摄技巧				
	雪地的拍摄技巧				
任务 2.2	苹果摆放的照片(3 张)				
	橙子摆放的照片(3 张)				
	衬衫摆放的照片(3 张)				
	登山鞋摆放的照片(3 张)				
任务 2.3	顺光拍摄(1 张)				
	侧光拍摄(1 张)				
	顶光拍摄(1 张)				
任务 2.4	使用静物台、柔光箱等辅助工具拍摄手机照片(至少 2 张)				
建议					

组长签名:　　　　年　　月　　日

● 教师评价

主要内容		教师评价等级(在符合的情况下面打"√")			
		优秀	良好	合格	不合格
任务 2.1	玻璃牛奶瓶的拍摄技巧				
	纽扣的拍摄技巧				
	服装模特的拍摄技巧				
	水滴溅落的拍摄技巧				
	雪地的拍摄技巧				

续 表

主要内容	教师评价等级(在符合的情况下面打"√")			
	优秀	良好	合格	不合格
任务2.2　苹果摆放的照片(3张)				
橙子摆放的照片(3张)				
衬衫摆放的照片(3张)				
登山鞋摆放的照片(3张)				
任务2.3　顺光拍摄(1张)				
侧光拍摄(1张)				
顶光拍摄(1张)				
任务2.4　使用静物台、柔光箱等辅助工具拍摄手机照片(至少2张)				
评语				

教师签名：　　　　年　　月　　日

项目小结

　　我们通过本项目的学习,初步掌握了商品拍摄的基本知识、常用技巧,掌握了相机的使用方法并能运用摄影构图、摄影用光等摄影技巧拍摄照片,为设计商品的拍摄方案打下了基础。

项目1　　项目2　　项目3　　项目4　　项目5

项目 3
商品的拍摄方案

　　小刘通过之前的培训，掌握了商品拍摄的技巧。这次公司安排小刘等新员工尝试学习总结产品卖点、设计商品拍摄整体方案。这次的任务要求拍摄数码配件、食品饮料、美容护肤、服装配饰和家居日用品这五大类商品，具体步骤包括产品卖点的分析，产品拍摄样张的设计思路等。通过本次学习，公司希望新员工能掌握商品拍摄的基本流程和技巧，为更好地完成之后的图片美化工作打下基础。

知识目标

（1）了解商品，能分析商品的主要卖点。
（2）掌握商品的拍摄环境布置方法和拍摄技巧，学会设计商品拍摄的整体思路。

技能目标

（1）掌握对商品卖点的分析方法。
（2）掌握同类商品摆放的技巧。
（3）掌握光源布置的技巧。
（4）掌握同类商品的拍摄要点。

情感目标

（1）具备对商品卖点属性的基本认知。
（2）具备良好的创新意识。
（3）具备一定的构图意识。

任务 3.1 数码配件类商品的拍摄方案

任务目标

（1）分析 U 盘的产品卖点。

（2）理清 U 盘样张的整体设计思路。

任务描述

小刘的培训主管分配给小刘一个拍摄任务——数码配件类商品，即 U 盘的拍摄。在培训主管的指导下，小刘通过查看 U 盘的产品介绍，分析出产品的三大卖点。在培训主管对小刘总结出的商品卖点进行了分析和修正后，为小刘设计了一套 U 盘商品的整体拍摄思路。

3.1.1 分析 U 盘产品的卖点

在正式拍摄之前，我们需要对产品的详细说明书进行分析，总结出产品的特色和卖点，并根据这些特色和卖点设计拍摄角度。

通过阅读和分析，我们将这款 U 盘的卖点总结为三点，如图 3-1 所示。

> **1. 小巧便携**
>
> 采用无盖式旋转设计，U盘体积仅大拇指般大小；重量极轻，一般在15克左右，特别适合随身携带，可把它挂在胸前，甚至放进钱包内。
>
> **2. 大存储容量**
>
> U盘容量分为2G、4G、16G、32G、64G等，存盘中无任何机械式装置，抗震性能极强。
>
> **3. 原装进口芯片确保安全**
>
> 原装进口芯片能有效确保数据安全、稳定，同时配合一流的电路设计，充分保障U盘数据安全；USB2.0标准接口，即插即用。

图 3-1 U 盘产品的卖点

3.1.2 拍摄样张的思路设计

通过对 U 盘产品卖点的详细分析，我们最终选择从两个角度来对 U 盘进行拍摄。

1. 外观整体图

本款 U 盘商品外观设计经典、线条流畅、小巧便携，采用了较为新潮的旋转设计。在拍摄时为了突出这样的卖点，需要对 U 盘的整体图进行拍摄。这样拍摄一方面能使消费者对本款商品有整体的感知，另一方面能展现 U 盘旋转的多角度性，有利于提升产品形象，帮助消费者更加直观地了解商品，如图 3-2 所示。

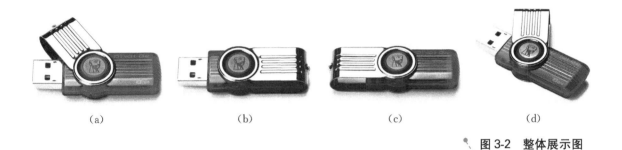

　　(a)　　　　　　　　(b)　　　　　　　　(c)　　　　　　　　(d)

◥ 图 3-2　整体展示图

2. 局部细节图

在细节上，我们需要对 U 盘的局部进行拍摄。这样拍摄一方面能使消费者对本款商品的细节有更进一步的了解，另一方面能展现其精湛的制作工艺，如图 3-3 所示。

　　　　　　(a)　　　　　　　　　　　　　　　(b)

◥ 图 3-3　局部细节图

3.1.3 拍摄的具体流程

拍摄展示

1. 光源设置

  两盏柔光灯分别放置于商品的左右两侧,与商品呈60°夹角,商品背后放置反光板补光。

2. 拍摄说明

  柔光灯的光线柔和,没有明显的阴影,适合反映物体的形态和色彩,给人轻柔细腻之感。柔光灯与商品呈60°夹角放置,并在商品背后放置反光板补光的做法是为了使布光均匀,避免被拍摄的物体出现不美观的高光斑和商品阴影,以免使消费者产生误解。

3. 注意点

  (1) 禁止使用闪光灯。(使用闪光灯会使商品产生高光斑)

  (2) 尽可能地靠近被拍摄物体。(U盘较小,需要特写)

  (3) 进行适当的曝光补偿。(突显画面的清晰度和明暗度)

样张详情

	拍摄参数: (1) 光圈 F11; (2) 快门 1/83 秒; (3) ISO 100。
	拍摄参数: (1) 光圈 F11; (2) 快门 1/83 秒; (3) ISO 100。
	拍摄参数: (1) 光圈 F11; (2) 快门 1/83 秒; (3) ISO 100。

续　表

样张详情	

拍摄参数：
(1) 光圈 F11；
(2) 快门 1/83 秒；
(3) ISO 100。

拍摄参数：
(1) 光圈 F11；
(2) 快门 1/83 秒；
(3) ISO 100。

拍摄参数：
(1) 光圈 F11；
(2) 快门 1/83 秒；
(3) ISO 100。

拍摄参数：
(1) 光圈 F11；
(2) 快门 1/83 秒；
(3) ISO 100。

3.1.4　数码配件类商品的拍摄技巧

1. 拍摄环境

(1) 数码产品通常会采用金属材质或一些具有反光特质的材质,表面光滑,在拍摄时容易造成表面反光或倒映出拍摄者的影像。因此,拍摄小件数码商品时可采用柔光箱,而体积较大的商品则可使用柔光灯、遮光板。

(2) 禁止使用闪光灯,必要时可采用曝光补偿。

2. 拍摄摆放

(1) 如所要拍摄的数码商品有相关的配件和包装盒,建议将相关物品放置在一起拍摄"全家福"。

(2) 展示商品的全景图和细节部分,例如 U 盘类商品建议用微距拍摄 U 盘商品的插口、品牌标志、侧面标注文字等细节。

3. 拍摄小贴士

（1）在拍摄此类商品时，需要用柔软的布将商品擦拭干净，以免留下指纹。

（2）在拍摄时，可以搭配一些小配件，这样在整个画面中，既有不同材质的对比，又可以展示商品的关联性，增加关联销售的可能。

 实战训练

1. 请按照上述操作步骤设计麦克风的拍摄思路，并以 word 形式保存。
2. 完成麦克风样张的拍摄，以图片形式保存。

任务3.2 食品饮料类商品的拍摄方案

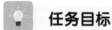 **任务目标**

(1) 分析咖啡的产品卖点。

(2) 理清咖啡样张的整体设计思路。

任务描述

小刘在培训主管的指导下,第一次独立完成了一件商品的拍摄,他对自己非常满意。紧接着,培训主管给他分配了第二个任务——咖啡产品的拍摄。小刘根据之前的操作实践经验以及主管的一些建议,总结、分析出了咖啡产品的两大卖点。培训主管根据小刘总结的产品卖点,为他设计了一套咖啡商品的整体拍摄思路,包括拍摄样张和拍摄流程的设计。

3.2.1 分析咖啡产品的卖点

在正式拍摄之前,我们需要仔细阅读咖啡生产厂家所提供的产品介绍资料以及其他经销商提供的相关资料信息,了解所拍摄产品的特色和卖点,并设计出产品的拍摄角度。通过对产品资料的阅读和分析,我们将咖啡的卖点总结为两点,如图3-4所示。

1. 方便携带、轻松享受

本款咖啡作为快销类产品的代表,有着自己独特的外包装设计,便于消费者使用;饮用方便,能让人放松心情、缓解疲劳,能随意搭配各种点心,享受美味。

2. 原料正宗、专业烘焙

本款咖啡精选优质、上等的咖啡豆,100%纯咖啡,浓而不苦,香而不烈。其秉承一贯的专业烘焙工艺,将咖啡豆的特有风味发挥得淋漓尽致,不带焦糊味。同时以本公司专利的速溶咖啡萃取技术提取咖啡精华,去除咖啡渣,更大程度地保留了咖啡豆的原有风味和馥郁香气。

图 3-4　咖啡产品的卖点

3.2.2 拍摄样张的思路设计

通过对咖啡产品卖点的详细了解,我们最终选择从两个角度对咖啡进行拍摄。

1. 外观展示图

所拍摄咖啡有着较为悠久的品牌历史,有着自己独有的品牌 LOGO 和外观设计。在拍摄时,为了突出这样的卖点,我们需要对产品的外观进行拍摄,包括外包装盒和内部便携包装的拍摄,如图 3-5 所示。外观展示图的拍摄可以使消费者对本款商品有整体的感知。

(a)　　　　　　　　　　　　(b)

图 3-5　外观展示图

2. 咖啡细节图

在拍摄中为了突出卖点 2(上等的咖啡豆、专利的速溶咖啡萃取技术),我们需要对咖啡豆的细节进行拍摄。这样拍摄一方面能使消费者对商品内部有更进一步的了解,另一方面能展现本款咖啡产品精益求精的理念。

(a)　　　　　　　　　　　　(b)

图 3-6　咖啡细节图

3.2.3 拍摄流程

拍摄展示

1. 光源设置

  两盏柔光灯放置于商品的左右两侧,与商品平面呈60°夹角,商品背后放置反光板补光。

2. 注意点

  (1) 注意商品的摆放角度。(从不同角度拍摄的商品有着不同的视觉效果)

  (2) 尽可能地靠近被拍摄物体。(商品较小,需要特写)

  (3) 进行适当的曝光补偿。(突显画面的清晰度和明暗度)

样张详情

拍摄参数:

(1) 光圈 F10;

(2) 快门 1/83 秒;

(3) ISO 100。

拍摄参数:

(1) 光圈 F10;

(2) 快门 1/83 秒;

(3) ISO 100。

续　表

样张详情	
	拍摄参数： （1）光圈 F10； （2）快门 1/83 秒； （3）ISO 100。
	拍摄参数： （1）光圈 F10； （2）快门 1/83 秒； （3）ISO 100。

3.2.4　食品饮料类商品的拍摄技巧

1. 拍摄环境

为了表现出食品的色、香、味及质感，以引起人们的食欲，在对食品类商品布光时，一般很少使用直射的硬光，更多的会选择使用带有方向性的柔光。布光时，要注意亮度均匀，对暗部要适当补光，以免明暗反差过大。例如在拍摄咖啡时，我们使用了柔光灯，其他部分采取补光，避开了反光面，防止拍摄者入镜。此外，通常来说，照片与拍摄实物的成像比例达到 1∶1 时，就可采用微距拍摄。如果使用卡片机进行拍摄，可使用其微距功能。

2. 拍摄摆放

（1）为了对咖啡外包装有个整体展示，建议采用 45°斜对角进行立体拍摄，因为通过这个角度拍摄可以看到商品的正面、侧面和顶面，从视觉上最大限度地向买家展示了整个产品，使之更具有直观感、立体感，如图 3-7 所示。

（2）在对咖啡颗粒进行拍摄时，可将其打开堆放在与咖啡颜色形成强对比的背景上，堆放形状可以是椭圆形或圆形等，尽量整齐、美观，从细节处展示商品的品质，如图 3-8 所示。

图 3-7　45°斜角摆放

图 3-8　咖啡颗粒拍摄

图 3-9　咖啡豆拍摄

（3）为了拍出颗粒状的质感，在拍摄时可以单方向打光，形成部分阴影，并使用微距功能，拍出颗粒的层次质感。此外，也可以通过拍摄咖啡豆，展现产品的原料纯正，其拍摄方法与拍摄颗粒类似，如图 3-9 所示。

（4）在拍摄热咖啡冒出的热气时，可利用化学方法来拍摄，方法是：先在咖啡中加少量醋酸，然后再滴几滴氨水，这样就可以产生烟雾效果，如图 3-10 所示。

3. 拍摄构图

（1）如果商品数量较少、不丰富，可以采用居中、饱满的构图来突出主体。如果商品数量较多，画面内容充实，则可采用黄金分割点的构图方式来拍摄。

图 3-10　拍摄咖啡的热气

（2）尽可能使拍摄的背景色与食物的颜色形成较大的对比，不要使用与食物颜色相同的背景颜色。如果食物的颜色复杂，可使用简单的白色背景。

 实战训练

1. 请按照上述操作步骤设计苹果的拍摄思路，并以 word 形式保存。
2. 完成苹果样张的拍摄，以图片形式保存。

任务3.3 美容护肤类商品的拍摄方案

任务目标

(1) 分析润唇膏的产品卖点。
(2) 理清润唇膏样张的整体设计思路。

任务描述

在前两项任务都顺利完成后,小刘对商品拍摄的流程有了初步的了解,于是培训主管交给小刘第三项任务——美容护肤类商品,即润唇膏的拍摄。主管和小刘一同查看了润唇膏的产品介绍,产品卖点总结由小刘独自完成。根据对产品信息的分析,小刘将卖点总结为两点。紧接着,项目主管带领小刘一起完成了整体的拍摄思路设计。

3.3.1 分析润唇膏产品的卖点

在拿到拍摄样品后,首先需要仔细地分析和了解产品的相关介绍资料,了解产品的功能、特色和卖点,并以此来设计产品的拍摄角度。这款润唇膏的卖点可总结为两点,如图 3-11 所示。

> **1. 新颖的外包装设计**
>
> 本款润唇膏采用了小蓝罐的外包装设计,有着较高的辨识度。同时在本款产品的包装设计中,很注重颜色和文案的搭配,提升了产品的品牌形象。

> **2. 修复、滋润、保湿效果佳**
>
> 本款润唇膏主打"修复、滋润、保湿"的产品特点,适用于所有肤质,尤其适合唇部干燥、易干裂的人群使用,可保持唇部水分平衡,具有修复保湿、抵御伤害、舒缓滋润的功效。

图 3-11　润唇膏产品的卖点

3.3.2 拍摄样张的思路设计

通过对润唇膏产品卖点的分析，我们最终选择从两个角度对产品进行拍摄。

1. 外观展示图

本款润唇膏产品采用了小蓝罐的外包装设计，整体无盒、无塑封，给人以清新自然的感觉。所以，在拍摄上需要对产品整体的外观进行展示。这样拍摄一方面能使消费者从整体上了解产品，另一方面能给消费者以视觉上的冲击，如图 3-12 所示。

（a） （b）

图 3-12　外观展示图

2. 内部细节图

本款润唇膏主打"修复、滋润、保湿"的产品特点，为了展示这样的效果，我们需要对润唇膏内部进行拍摄。这样拍摄一方面可以使消费者对润唇膏的内部有更加直观的了解，另一方面可以帮助消费者感受产品的滋润和水分，使产品更有信服力，如图 3-13 所示。

图 3-13　内部细节图

3.3.3 拍摄流程

拍摄展示

1. 光源设置

　　将两盏柔光灯放置于商品的左右两侧，与商品平面呈 60°夹角，商品背后放置反光板补光。

2. 注意点

　　(1) 禁止使用闪光灯。(使用闪光灯会使商品产生高光斑)

　　(2) 尽可能地靠近被拍摄物体。(商品较小，需要特写)

　　(3) 进行适当的曝光补偿。(突显画面的清晰度和明暗度)

样张详情

拍摄参数：
(1) 光圈 F12；
(2) 快门 1/83 秒；
(3) ISO 100。

拍摄参数：
(1) 光圈 F12；
(2) 快门 1/83 秒；
(3) ISO 100。

拍摄参数：
(1) 光圈 F12；
(2) 快门 1/83 秒；
(3) ISO 100。

3.3.4 美容护肤类商品的拍摄技巧

1. 拍摄环境

在类似润唇膏这样的小件化妆品商品拍摄过程中，为了突出产品的细节，获得景深效果，我们需要采用大光圈进行拍摄，将相机镜头尽可能贴近拍摄物体。

2. 拍摄摆放

（1）美容护肤类的商品在摆放时，可以借用比对物一起拍摄，这样可以让消费者感知该商品的实际体积，以免使其产生误会。

（2）我们可以将同系列的化妆品放在一起拍摄，使消费者在浏览某一款化妆品时，产生对同一系列的其他款化妆品的购买兴趣，以增加销量，如图 3-14 所示。

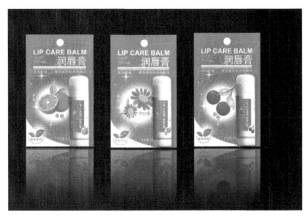

图 3-14　同类商品展示

3. 拍摄小贴士

（1）突出细节。在拍摄美容护肤类商品时，可重点拍摄其瓶口、文字标签、保质日期等细节图，这些信息可增加消费者对产品的信任度。

（2）生动形象，贴近消费者生活。我们可以利用人物在使用该款商品时的效果照片，反映商品真实的使用情况，拉近商品与消费者的距离，如图 3-15 所示。

工作时

约会时

应聘时

旅游时

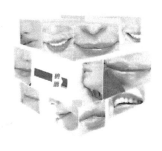

图 3-15　贴近消费者生活

 实战训练

1. 请按照上述操作步骤设计洗面奶的拍摄思路，并以 word 形式保存。
2. 完成洗面奶样张的拍摄，以图片形式保存。

任务3.4 服装配饰类商品的拍摄方案

拓展案例3.4

任务目标

（1）分析袜子的产品卖点。

（2）理清袜子样张的整体设计思路。

任务描述

完成了之前的三项任务后，小刘对完成商品拍摄的任务非常有信心，因此向培训主管申请独自完成袜子的产品卖点总结及其整体的拍摄方案设计。经得主管的同意后，小刘详细查看了该款袜子的产品介绍，并总结出三大产品卖点及其拍摄的整体思路。培训主管对小刘总结的卖点和整体拍摄思路进行了微小调整，小刘随即开始拍摄。

 3.4.1 分析袜子产品的卖点

在正式拍摄之前，我们需要仔细阅读袜子样品中附带的介绍资料，了解产品的功能、特色和卖点，并且根据这些信息设计拍摄角度。

通过仔细阅读，我们将这款袜子的卖点总结为三点，如图3-16所示。

> **1. 知名品牌，历史传承**
>
> 本款袜子的品牌是家喻户晓的知名品牌，有着较长的历史传承。美国马球协会起源于1890年，身为美国马球运动的官方代表，它的品牌定位于中产阶层，是在中高档零售店内经营的优质超值产品。

> **2. 做工精细，质量有保障**
>
> 本款袜子的成分为72%棉、26%聚酯纤维和2%氨纶，确保了袜子的舒适柔软、干爽透气，加入的涤纶提高袜子的柔韧性和耐磨度，加入的氨纶使袜子有足够的弹性。

> **3. 包装严谨，使客户安心、放心**
>
> 本款袜子在包装上也是精益求精，统一采用纸盒包装，确保了产品的安全。

图 3-16 袜子产品的卖点

3.4.2 拍摄样张的思路设计

通过了解和分析本款袜子的卖点,我们最终选择从三个角度来对它进行拍摄。

1. 外包装展示图

为了显示出本款袜子严谨的品牌调性,我们在拍摄时要突出其外包装设计,因此需要从整体上进行展示。我们可以先以 45°斜对角的拍摄方式拍摄盒装整体图、盒装打开图、袜子全景图,让消费者对产品有一个整体认识,如图 3-17 所示。

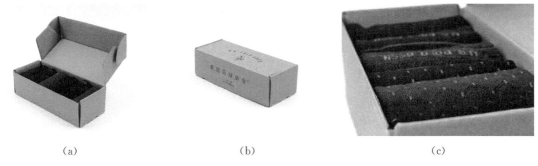

　　（a）　　　　　　　　　　　（b）　　　　　　　　　　　（c）

🔖 **图 3-17　包装盒展示图**

2. 商品细节图

在拍摄时,为了突出卖点 2,需要对袜子的外观整体图和细节图进行拍摄。我们可以通过拍摄单只袜身图、袜尖图、袜跟图、罗口图,使消费者对商品的细节和品质有更深一步的了解,增加消费者的购买欲,如图 3-18 所示。

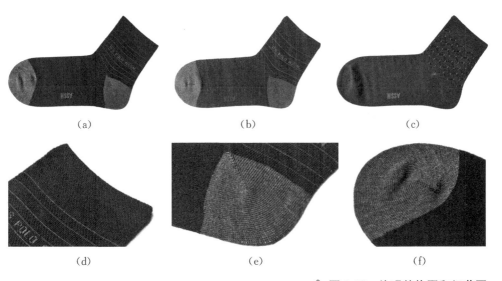

　　（a）　　　　　　　　　　　（b）　　　　　　　　　　　（c）

　　（d）　　　　　　　　　　　（e）　　　　　　　　　　　（f）

🔖 **图 3-18　外观整体图和细节图**

3. 模特展示图

另外,袜子在没有脚模的拍摄环境下会显得有些单调,为了让消费者看到更直观的展示效果,在拍摄时我们需要脚模来展示袜子的穿着效果,如图 3-19 所示。

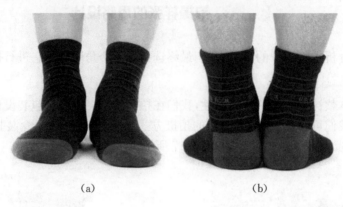

(a)　　　　　　　　　　　　(b)

图 3-19　模特穿着图

3.4.3　拍 摄 流 程

拍摄展示

1. 光源设置

　　两盏柔光灯放置于商品左右两侧,与商品平面呈 60°夹角,商品背后放置反光板补光。

2. 拍摄说明

　　(1)盒子需要呈 45°角摆放。(使商品更有立体感)

　　(2)拍摄打开盒子的展示图,可以尽量展示出商品由内到外的每个部位。

　　(3)进行适当的曝光补偿。(突显画面的清晰度和明暗度)

续　表

样张细节

参考参数：
(1) 光圈 F12；
(2) 快门 1/83 秒；
(3) ISO 50。

参考参数：
(1) 光圈 F12；
(2) 快门 1/83 秒；
(3) ISO 50。

参考参数：
(1) 光圈 F12；
(2) 快门 1/83 秒；
(3) ISO 50。

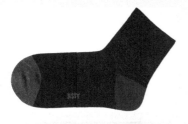

参考参数：
(1) 光圈 F12；
(2) 快门 1/83 秒；
(3) ISO 50。

参考参数：
(1) 光圈 F12；
(2) 快门 1/83 秒；
(3) ISO 50。

参考参数：
(1) 光圈 F12；
(2) 快门 1/83 秒；
(3) ISO 50。

样张细节	
	参考参数： (1) 光圈 F12； (2) 快门 1/83 秒； (3) ISO 50。
	参考参数： (1) 光圈 F12； (2) 快门 1/83 秒； (3) ISO 50。
	参考参数： (1) 光圈 F12； (2) 快门 1/83 秒； (3) ISO 50。
	参考参数： (1) 光圈 F12； (2) 快门 1/83 秒； (3) ISO 50。
	参考参数： (1) 光圈 F12； (2) 快门 1/83 秒； (3) ISO 50。

3.4.4　服装配饰类商品的拍摄技巧

1. 拍摄环境

（1）禁止使用闪光灯。

（2）服装可归类为大件商品，此类商品在拍摄时应当选择空间较大的场地，室内、室外都可以。

（3）在室内拍摄时要尽量选择单色、简洁的背景，照片中不宜出现与商品不相关的物体和内容（参照物和配饰除外）。

（4）在室外拍摄时，主要选择风景优美的环境作为背景，可采用自然光加反光板补光的方式进行拍摄，这样的照片更具风格感，比较容易形成独有的个性特色以及营造泛商业化的购物氛围。一般服装类商品的拍摄多选择室外拍摄，配饰类多选择室内拍摄。

2. 拍摄摆放

（1）服装的摆放以突出服装卖点为重点，使服装产生立体效果。

（2）在拍摄一些服饰产品时，由于条件的限制，可能没有模特来辅助拍摄。为了突出衣服的立体感，我们可以利用一些物体在衣服内部进行部分填充，另外也可以使用一些立体衣架等工具，使服装摆放得更立体，如图 3-20、图 3-21 所示。

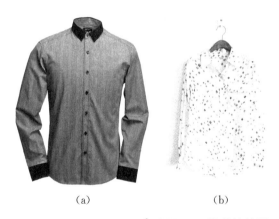

　　　（a）　　　　　　　　　　（b）

图 3-20　服装挂拍图

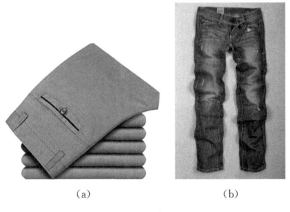

　　　（a）　　　　　　　　　　（b）

图 3-21　服装摆拍图

71

（3）如同款服装商品有多种颜色时，可以使用卷、叠、挂、穿等方式来展示多色商品，这样可以显得整齐、美观，如图3-22所示。

钻蓝色　军绿色　黑色　咖啡色　深蓝色　卡其色

图 3-22　展示多色商品

3. 拍摄小贴士

（1）突出细节。消费者在购买服装时，除了关心服装的款式外，更关心的是服装的做工和材质。通过对服装细节的全方位拍摄，加之运用多种构图，一方面能加深消费者对服装细节、做工、材质的感知，另一方面能向消费者传达商品的优良品质，增加其购买欲，如图3-23所示。

01　领子
　　方领设计成熟稳重，彰显男人极具张力的气质内涵，完美定型工艺结合内置领尖撑，衬衫领子平挺不起皱、不卷角、不变形。

02　肩缝/背缝/袖笼
　　精湛的立体裁剪，恰到好处。扩肩的服帖效果，使您穿起来挺阔有型。

（a）

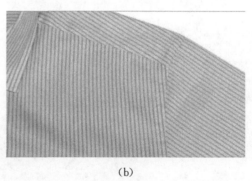

（b）

图 3-23　服装细节图

（2）人物展示。现在越来越多的商家都开始采用模特上身来展示服装，这就要求我们在拍摄的过程中采用具体的应对措施。在拍摄模特时，需要采用小光圈来进行拍摄，以达到全面展示商品细节和整体的效果。如图 3-24 的拍摄中,我们采用了小光圈设置,可以较为全面地展示连衣裙的特色和上身效果(参考参数:光圈 F11、快门 1/125 s)。

图 3-24　通过人物展示服装

 实战训练

1. 请按照上述操作步骤设计 T 恤的拍摄思路,并以 word 形式保存。
2. 完成 T 恤样张的拍摄,以图片形式保存。

任务3.5 家居日用品类商品的拍摄方案

任务目标

(1) 分析衣架的产品卖点。
(2) 理清衣架样张的整体设计思路。

任务描述

在完成前四款商品的卖点总结和样张拍摄思路的设计后,小刘已经积累了一些经验。于是项目主管交给小刘一个全新的任务——衣架的拍摄,并要求其独立完成。小刘根据前面的经验,独自查阅了衣架相关的详细信息,并总结出衣架的两大卖点。在总结了卖点的基础上,小刘完成了衣架样张的整体思路设计。

3.5.1 分析衣架的产品卖点

在正式拍摄衣架之前,我们需要仔细阅读衣架厂家提供的产品介绍资料,了解其功能、特色和卖点,并根据这些信息设计拍摄角度。

通过仔细阅读,我们将这款衣架的卖点总结为两点,如图 3-25 所示。

> **1. 独特成型工艺**
>
> 本款衣架系花语系列,采用了全新的PP材料,边角圆滑无毛刺,充分保护了衣物。美观大方的圆头挂钩,引领时尚。

> **2. 经典细节设计**
>
> 本款衣架精心设计了吊带位,可悬挂吊带、内衣等,超大收纳容量,更让人省心。此外,本款衣架还精心设计了领带位,可悬挂皮带、丝巾等物件,节省空间。

 图 3-25 衣架的卖点

3.5.2　拍摄样张思路设计

通过对衣架产品卖点的了解,我们最终选择从两个角度对衣架进行拍摄。

1. 外观整体图

为了突出卖点 1,我们需要在拍摄中突出和强调衣架的整体外观,增强消费者对商品的整体感知,如图 3-26 所示。

　图 3-26　外观整体图

2. 局部细节图

为了突出衣架细节处的精致做工,我们需要对衣架的细节进行拍摄,包括卖点 2 中的吊带位、领带位等,以增加消费者对衣架设计的实用性、人性化的感知,如图 3-27 所示。

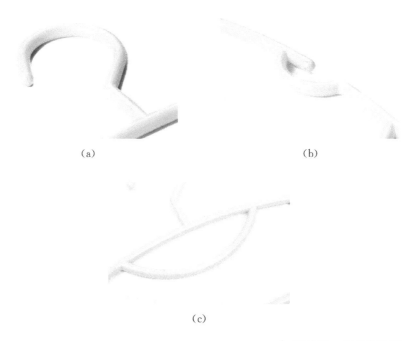

（a）　　　　　　　　　　　　　　　　（b）

（c）

　图 3-27　局部细节图

3.5.3 拍 摄 流 程

拍摄展示

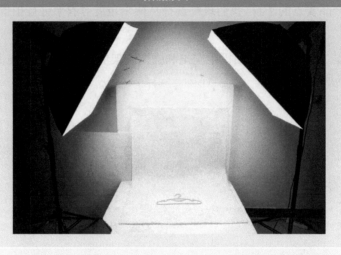

1. 光源设置

　　将两盏柔光灯放置于商品的左右两侧,与商品平面呈60°夹角,商品背后放置反光板补光。

2. 注意点

　　(1) 禁止使用闪光灯。

　　(2) 尽可能地靠近被拍摄物体。

　　(3) 进行适当的曝光补偿。

样张详情

	拍摄参数: (1) 光圈 F14; (2) 快门 1/83 秒; (3) ISO 100。
	拍摄参数: (1) 光圈 F14; (2) 快门 1/83 秒; (3) ISO 100。
	拍摄参数: (1) 光圈 F14; (2) 快门 1/83 秒; (3) ISO 100。

样张详情

拍摄参数：
（1）光圈 F14；
（2）快门 1/83 秒；
（3）ISO 100。

3.5.4　家居日用品类小物件商品的拍摄技巧

1. 拍摄环境

（1）根据小物件商品的色彩选择合适的拍摄背景，以纯色背景为主，如图 3-28 所示。

（2）如需要突出商品的局部或细节，可使用相机的微距功能拍摄。

（3）禁止使用闪光灯，可以适当地进行曝光补偿。

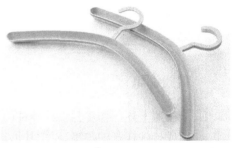

图 3-28　选择纯色背景

2. 拍摄摆放

（1）我们可以将同类的家居用品按照一定的顺序摆放，这样会起到很好的衬托效果，如图 3-29 所示。

图 3-29　与同类的家居用品一同摆放

（2）我们可以将商品在实际使用中的场景拍摄到照片中，使消费者产生认同感，如图 3-30 所示。

图 3-30　沙发在实际使用时的场景

 实战训练

1. 请按照上述操作步骤设计挂钟的拍摄思路，并以 word 形式保存。
2. 完成挂钟样张的拍摄，以图片形式保存。

项目评价

● 自我评价

主要内容		自我评价等级(在符合的情况下面打"√")			
		全都做到了	80%做到了	60%做到了	没做到
任务 3.1	拍摄麦克风的设计思路				
	麦克风的拍摄样张				
任务 3.2	拍摄苹果的设计思路				
	苹果的拍摄样张				
任务 3.3	拍摄洗面奶的设计思路				
	洗面奶的拍摄样张				
任务 3.4	拍摄 T 恤的设计思路				
	T 恤的拍摄样张				
任务 3.5	拍摄挂钟的设计思路				
	挂钟的拍摄样张				
自我总结	我的优势				
	我的不足				
	我的努力目标				
	我的具体措施				

● 小组评价

主要内容		小组评价等级(在符合的情况下面打"√")			
		全都做到了	80%做到了	60%做到了	没做到
任务 3.1	拍摄麦克风的设计思路				
	麦克风的拍摄样张				
任务 3.2	拍摄苹果的设计思路				
	苹果的拍摄样张				
任务 3.3	拍摄洗面奶的设计思路				
	洗面奶的拍摄样张				

续 表

主要内容		小组评价等级(在符合的情况下面打"√")			
		全都 做到了	80% 做到了	60% 做到了	没做到
任务 3.4	拍摄 T 恤的设计思路				
	T 恤的拍摄样张				
任务 3.5	拍摄挂钟的设计思路				
	挂钟的拍摄样张				
建议					
			组长签名:	年 月 日	

● 教师评价

主要内容		教师评价等级(在符合的情况下面打"√")			
		优秀	良好	合格	不合格
任务 3.1	拍摄麦克风的设计思路				
	麦克风的拍摄样张				
任务 3.2	拍摄苹果的设计思路				
	苹果的拍摄样张				
任务 3.3	拍摄洗面奶的设计思路				
	洗面奶的拍摄样张				
任务 3.4	拍摄 T 恤的设计思路				
	T 恤的拍摄样张				
任务 3.5	拍摄挂钟的设计思路				
	挂钟的拍摄样张				
评语					
			教师签名:	年 月 日	

项目小结

　　我们通过本项目的学习,熟悉和了解了商品拍摄的基本流程和拍摄技巧。通过对产品详细说明书的分析,总结出产品的特色和卖点,并根据特色和卖点设计拍摄整体思路。商品拍摄作为整个商品采编过程中的重要一环,对之后的图片美化和详细页制作起着重要的铺垫作用。

项目1　　项目2　　项目3　　项目4　　项目5

项目4 商品图片美化

在电子商务行业中有一句俗话：谁能第一眼抓住买家的眼球，并让买家对你留有印象，对于店铺的产出和转化尤为重要，商家所设计的图片对于传达视觉体验来说，可产生重要的影响。这批新员工经过公司的商品拍摄培训后，达到了公司的基本要求，于是公司决定对他们进行商品采编中另一个项目的培训，即商品图片的美化处理工作。

知识目标

(1) 了解商品采编中五种常用的软件技能。
(2) 掌握数码配件类商品图片的美化方法。
(3) 掌握食品饮料类商品图片的美化方法。
(4) 掌握美容护肤类商品图片的美化方法。
(5) 掌握服装配饰类商品图片的美化方法。
(6) 掌握家居日用品类商品图片的美化方法。

技能目标

(1) 能够对商品图片进行基本调整。
(2) 会使用图片处理软件对商品图片进行美化。

情感目标

(1) 具备不同类别商品特点的分析意识。
(2) 具备良好的设计创新意识。

任务 4.1 常用的商品采编软件介绍与技能介绍

任务目标

(1) 学会调整照片尺寸。

(2) 学会调整曝光不足或曝光过度的照片。

(3) 学会制作照片水印。

(4) 学会调整模糊的照片。

(5) 学会批处理照片。

任务描述

商品图片的美化处理工作是在商品图片拍摄完毕后进行的,需要对图片素材进行常规的处理,以便于后期的编辑和制作。常见的图片处理类型一般包括:照片尺寸的调整、照片曝光不足(过度)的调整、添加照片水印、模糊图片的调整、照片批处理等。

4.1.1 调整照片的尺寸

(1) 启动 Photoshop,打开配套资源中的"素材\项目 4\任务 4.1\麦克风.jpg"文件,如图 4-1 所示。

图 4-1 打开图像

（2）执行"图像/图像大小"命令，弹出"图像大小"对话框，在该对话框中将"宽度"设置为"500"像素，并勾选"约束比例"复选框，如图4-2所示。

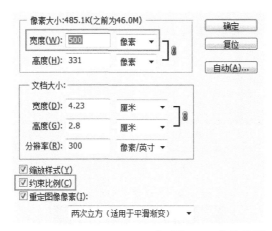

图4-2 参数设置

（3）单击"确定"按钮，完成图像大小的调整，如图4-3所示。

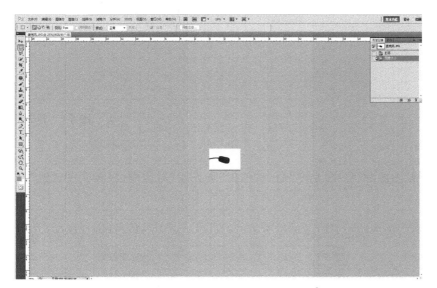

图4-3 调整完成

说 明

（1）本方法是通过降低像素来改变图像的大小。

（2）勾选"约束比例"复选框可以使图像在调整的过程中不变形。

4.1.2 学习调整曝光不足的照片

（1）打开配套资源中的"素材\项目 4\任务 4.1\杯子.jpg"，这是一张曝光不足的照片，如图 4-4 所示。

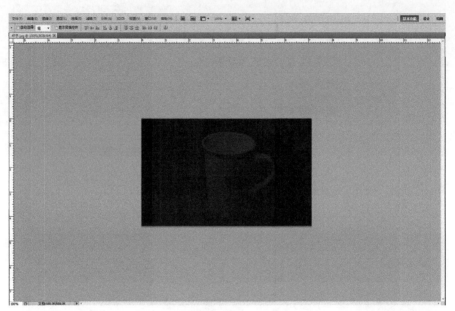

图 4-4　打开照片

（2）执行"图像/调整/曝光度"命令，弹出"曝光度"对话框，将曝光度设置为"＋4.00"，如图 4-5 所示。

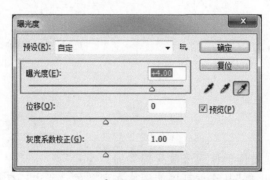

图 4-5　调整"曝光度"参数

（3）然后单击"确定"按钮,即可调整图片的曝光度,如图4-6所示。

图4-6　调整后的效果

说　明

（1）在调整曝光过度的照片时（配套资源中的"素材\项目4\任务4.1\杯子2.jpg"）,只需将曝光值降低即可,如图4-7所示。

图4-7　调整曝光过度的照片

（2）调整图片曝光度要适度,否则图片会有噪点,影响画质。

（3）曝光度调整的数值越大,曝光越强;曝光度调整的数值越小,曝光越弱。

4.1.3　制作照片水印

（1）打开配套资源"素材\项目4\任务4.1"中的"咖啡盒.jpg"和"水印.png"文件。

（2）将水印图片拖入"咖啡盒.jpg"中，按 Ctrl＋T 键，调整水印的大小和位置，按回车键确认，如图 4-8 所示。

图 4-8　拖入水印图片并调整大小

（3）在图层面板中，将水印图层的不透明度调整为"50％"，如图 4-9 所示。

（a）调整不透明度　　　　　　　　　　　　（b）效果图

图 4-9　调整图层不透明度

 说　明

（1）水印图片的背景图层应为透明（背景改为透明并存储为 PNG 格式），否则置入图片时会有背景颜色。

（2）水印图层的透明度可根据实际需要进行设置。

4.1.4　调整模糊的照片

（1）打开配套资源中的"素材\项目 4\任务 4.1\模特试穿.jpg"文件，这是一张模糊的照片，如图 4-10 所示。

图 4-10　打开照片

（2）执行"图像/模式/Lab 颜色"命令，调整图片模式，如图 4-11 所示。

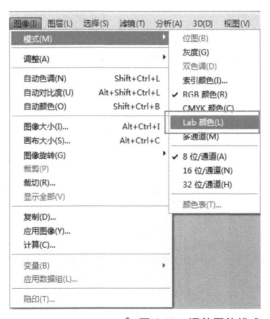

图 4-11　调整图片模式

（3）打开"图层"面板，在该面板中将"背景"图层拖动到"创建新图层"按钮上，复制"背景"图层，如图 4-12 所示。

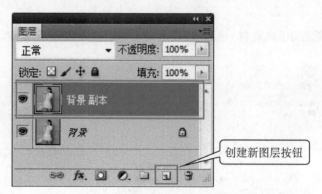

创建新图层按钮

图 4-12　复制图层

（4）执行"滤镜/锐化/USM 锐化"命令，弹出"USM 锐化"对话框，根据需要设置相应的参数，然后单击"确定"按钮，如图 4-13 所示。

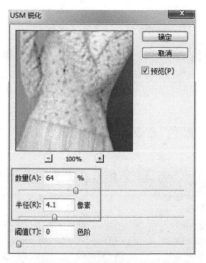

图 4-13　设置"USM 锐化"参数

（5）将图层的"混合模式"设置为"正常"，"不透明度"设置为"70％"，如图 4-14 所示。

图 4-14　设置"混合模式"和"不透明度"

（6）如果还是不够清楚，可以复制经锐化处理过的图层，直到调整清晰为止，如图 4-15 所示。

图 4-15　调整后的效果

说　明

（1）Lab 模式是由三个通道组成的，它的一个通道是亮度，即 L，另外两个是色彩通道，用 A 和 B 来表示。A 通道包括的颜色是从深绿色（低亮度值）到灰色（中亮度值）再到亮粉红色（高亮度值）；B 通道则是从亮蓝色（低亮度值）到灰色（中亮度值）再到黄色（高亮度值）。

（2）在锐化的过程中，数值越大，图片越清晰；数值越小，图片越模糊。

（3）锐化要适度，防止产生图像"棱角过于分明"的现象。

4.1.5　照片的批处理

当需要对一批照片进行相同操作时，如：旋转、添加水印、转换格式等，就需要对照片进行批处理，以完成本来较为繁琐的重复操作。照片批处理在 PS 中的应用较为广泛，有助于修图者尽快完成工作，下面我们将详细介绍这一功能。

（1）启动 Photoshop，打开配套资源中的"素材\项目 4\任务 4.1\时钟. jpg"文件，如图
4-16 所示。

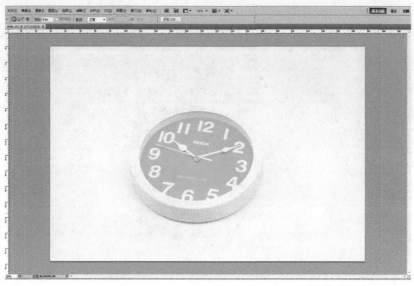

图 4-16 打开图片

（2）执行"窗口/动作"命令，打开"动作"面板，如图 4-17 所示。

图 4-17 "动作"面板

（3）单击右下角的"创建新动作"按钮，弹出"新建动作"对话框，如图 4-18 所示。

图 4-18 "新建动作"对话框

（4）单击"记录"按钮，新建一个动作，如图4-19所示。

图 4-19　新建的动作

（5）执行"图像/调整/变化"命令，弹出"变化"对话框，选择相应的样式，如图4-20所示。

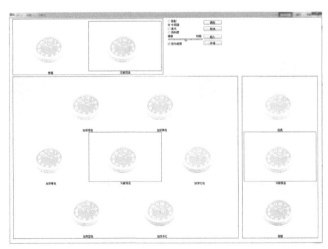

图 4-20　"变化"对话框

（6）单击"确定"按钮，再单击"动作"面板左下角的"停止播放/记录"按钮，停止记录，如图4-21所示。

图 4-21　停止记录

（7）执行"文件/自动/批处理"命令，弹出"批处理"对话框，单击"源"下面的"选择"按钮，在打开的"浏览文件夹"对话框中选择图像所在的位置，如图4-22所示。

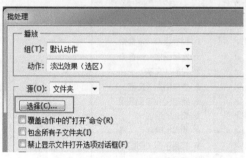

图4-22 "批处理"对话框

（8）单击"确定"按钮，即可对文件夹中所有的图像亮度进行调整，如图4-23所示。

图4-23 调整后的效果

 说　明

　　（1）在前期准备中，可在图片所在文件夹里添加一个文件夹，命名为"处理照片文件夹"，用来存放处理后的图片文件，这样就不会改变原始文件了。

　　（2）批量处理的要点是"录制动作—批处理—保存"。

 实战训练

1. 根据所学知识将头绳图片（头绳图片.jpg）尺寸调整为1000px×662px。
2. 根据所学知识将曝光过度的图片（曝光过度.jpg）调整为最佳曝光。
3. 根据所学知识为图片（添加水印.jpg）添加水印，水印可自行制作。
4. 根据所学知识将模糊的图片（模糊.jpg）调整清晰。

注：以上素材图片均在配套资源"素材\实战训练\项目4\任务4.1"文件夹中。

任务4.2 数码配件类商品图片的美化

任务目标

(1) 学会借助"标尺工具"进行素材图片的排版。

(2) 学会用"图层蒙版工具"制作U盘倒影效果。

 任务描述

　　小刘作为新人,在完成商品拍摄工作后,开始了商品图片美化第一天的培训,他非常兴奋,因为之前他在学校学习过图片美化的工具Photoshop,并掌握了Photoshop基本工具的使用方法,今天的培训任务使他能够学以致用。项目主管分配给小刘的任务是将已经拍摄好的U盘原始素材图片,利用坐标工具、图层蒙版工具,制作两幅成品图,如图4-24所示。

(a) 成品图(1)

(b) 成品图(2)

图4-24　成品图

4.2.1 制作 U 盘的成品图(1)

1. 新建图层,导入素材图片

(1)执行"文件/新建"命令,将文件名称改为"背景图层",宽度设置为"860"像素,高度设置为"720"像素,分辨率设置为"72"像素/英寸,颜色模式为"RGB 颜色",背景内容为"白色",点击"确定"按钮,如图 4-25 所示。

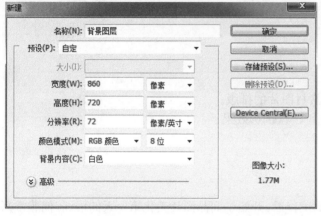

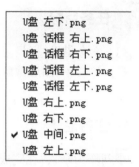

图 4-25 新建文件   图 4-26 打开素材图片

(2)执行"文件/打开"命令,将所需要的素材图片全部导入 PS 中,如图 4-26 所示。

2. 利用标尺工具,进行图片的合理排版

(1)利用移动工具将素材图片(图 4-27(a)、图 4-27(b)、图 4-27(c)、图 4-27(d))分别移动至背景图层中,再按 Ctrl+T 键,进入编辑状态,将图片调节至合适的大小,最后执行"视图/标尺"命令(或者按快捷键 Ctrl+R),借助标尺工具对素材图片进行排版,如图 4-28所示。

(a)   (b)   (c)   (d)

图 4-27 将图片移至背景图层

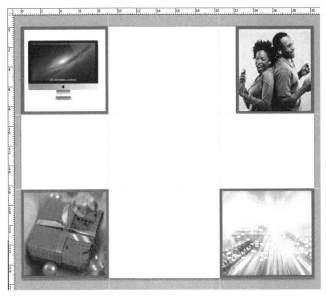

🖋 图 4-28　利用坐标工具排版(1)

（2）同上面的操作步骤,将剩下的素材图片(图 4-29(a)、图 4-29(b)、图 4-29(c)、图 4-29(d)、图 4-29(e))移动至背景图层中,并进行合理排版,如图 4-30 所示。

　　（a）　　　　　　　（b）　　　　　　　（c）　　　　　　　（d）　　　　　　　（e）

🖋 图 4-29　素材图片

🖋 图 4-30　利用坐标工具排版(2)

3. 文字编辑

（1）点击文字工具 **T** ，选择横排文字工具 **T 横排文字工具　　T** ，在图层上单击，自动建立文字图层。

（2）输入文字"适用于各种品牌 PC 及其他自配电脑和笔记本电脑"，在字符面板对文字的相关属性进行调整，如图 4-31 所示。

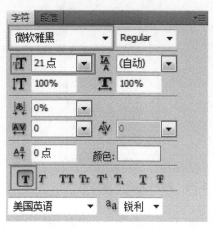

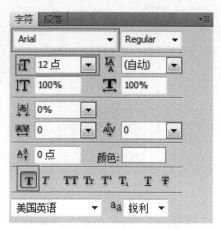

图 4-31　设置文字参数(1)　　　　　　图 4-32　设置文字参数(2)

（3）输入文字"APPLICABLE TO ALL KINDS OF PC, CAPTOP AND SELF-ALLOCATION COMPUTER"，在字符面板对文字的相关属性进行调整，如图 4-32 所示。

（4）点击移动工具 **▶♦** 对文字的位置进行调整，并利用键盘的方向键，对文字位置进行细微的调整（可辅以标尺工具），效果如图 4-33 所示。

图 4-33　调整文字位置

（5）同上操作，完成其他几处的文字编辑。添加文字"现在购买更有好礼相送，优惠多多"，"NOW BUY，MORE GIFTS，MORE BENEFITS"，"是当代送朋友最时尚、最实用的礼物"，"THE MOST FASHION AND USEFUL GIFTS TO FRIENDS NOWADAYS"，"数据传输速率高达写入5M/S和读取10M/S"，"THE DATA TRANSMISSION RATE REACHES TO WRITING 5M/S AND READING 10M/S"。最终效果如图4-34所示。

图 4-34 最终效果图

 说 明

（1）快捷键说明：自由变换为【Ctrl＋T】键；显示/隐藏标尺为【Ctrl＋R】键；取消操作为【ESC】键。

（2）排版要求疏密得当，搭配简洁美观，突出商品。

（3）文字字体颜色要和整体颜色相配。

4.2.2 制作 U 盘的成品图（2）

1. 导入背景图片

在 Photoshop 中打开配套资源中的"素材\项目 4\任务 4.2\U 盘 2.jpg"文件，如图 4-35 所示。

图 4-35　打开文件

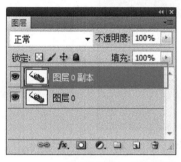

图 4-36　复制图层

2. 复制背景图层

（1）在背景图层上双击，弹出"新建图层"对话框，按"确定"按钮，可将背景图层解锁，图层名称变为"图层 0"。

（2）用鼠标右击"图层 0"，选择"复制图层"，复制出图层 0 的副本，如图 4-36 所示。

3. 调整图片并添加蒙版

（1）选择"图层 0 副本"，执行菜单栏中的"编辑/变换/垂直翻转"命令，如图 4-37 所示。

图 4-37　图片翻转

（2）按 Ctrl＋T 键，进入图片编辑状态，将图片调整至合适的位置，效果如图 4-38 所示。

图 4-38　调整位置

（3）点击图层面板下方的"添加图层蒙版"按钮，如图 4-39 所示。

图 4-39　添加图层蒙版

4．制作渐变效果

（1）点击工具栏的"渐变工具"，选择从透明到黑色的渐变效果，模式选择"正常"，不透明度选择"100％"，如 4-40 所示。

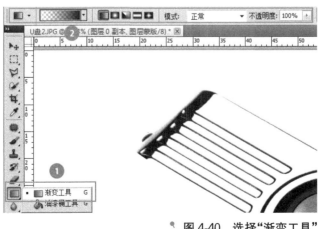

图 4-40　选择"渐变工具"

（2）在"图层 0 副本"上拉出渐变效果，如图 4-41 所示。

图 4-41　渐变效果

（3）对图层面板的参数进行调整，选择"正片叠底"效果，如图 4-42 所示，最终效果如图 4-43 所示。

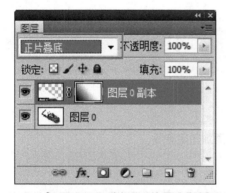

图 4-42　选择"正片叠底"效果

图 4-43　最终效果

说　明

（1）蒙版可以将不同灰度色值转化为不同的透明度，并作用到它所在的图层，使图层不同部位透明度产生相应的变化。黑色为完全透明，白色为完全不透明。

（2）"不透明度"调节的数值越小，图片就越淡，数值越大，图片就越浓。

（3）"正片叠底"模式对白色设置，白色变成透明，对黑色设置，黑色则不变。所以，一般正片叠底对浅色有作用，对深色几乎没有作用。

实战训练

　　根据所提供的麦克风图片样张,如图 4-44、图 4-45 所示,完成对麦克风素材包中原始照片的美化。

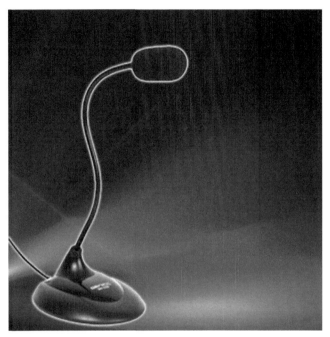

✎ 图 4-44　麦克风样张(1)

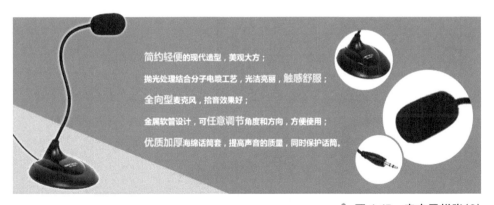

✎ 图 4-45　麦克风样张(2)

任务 4.3 食品饮料类商品图片的美化

 任务目标

（1）学会运用"魔棒工具"在强对比的图片中抠图。
（2）学会使用"自由变换工具"对素材图片进行排版。
（3）学会使用"文字工具"编辑文字。

 任务描述

小刘初试身手后，积累了一些图片美化工作的经验。这次的任务是将已经拍摄好的咖啡原始素材和相关图片，利用魔棒工具与自由变换工具，制作出一幅成品图，效果如图 4-46 所示。

图 4-46 成品图

制作咖啡的美化图片

1. 导入相关的拍摄照片和背景素材图片

在 Photoshop 中打开"素材\项目 4\任务 4.3"中的"背景.jpg"、"咖啡杯.jpg"、"咖啡豆.jpg"和"咖啡盒.jpg"。

2. 使用"魔棒工具"抠图

（1）切换到图片"咖啡杯.jpg"，选择"魔棒工具"，将容差设置为"32"，将"连续"前的勾去掉，单击咖啡杯外的黑色背景处，如图 4-47 所示。

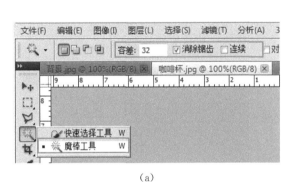

（a）

（b）

图 4-47　使用"魔棒工具"

（2）执行菜单栏的"选择/反向"命令，选中咖啡杯，效果如图 4-48 所示。

图 4-48　选中咖啡杯

（3）切换到图片"咖啡豆.jpg"，选择"魔棒工具"，将容差设置为"35"，单击咖啡豆以外的背景处，并执行菜单栏中的"选择/反向"命令，如图 4-49 所示。

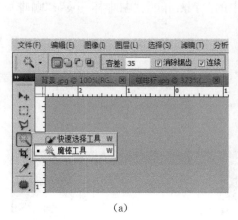

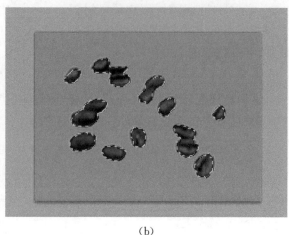

(a)   (b)

图 4-49　选中咖啡豆

（4）用同样的方法将咖啡盒抠出。

3. 将素材进行整合排版

利用"移动工具" ，将选取的咖啡豆素材、咖啡杯素材和咖啡盒素材移动至背景图片上，并利用自由变化工具对素材的大小和位置进行调整，如图 4-50 所示。

图 4-50　调整后的效果

4. 编辑文字

（1）选择"文字工具"，在背景图片上输入：来杯"雀巢咖啡"！字号为"36 点"，字体设置为"叶根友钢笔行书升级版"，具体参数如图 4-51(a)所示。然后，再输入"香醇活力每一天"，字号为"24 点"，具体参数如图 4-51(b)所示。

（a）　　　　　　　　　（b）

图 4-51　文字参数设置

（2）最终效果如图 4-52 所示。

图 4-52　最终效果图

 实战训练

根据所提供的苹果图片样张，如图 4-53、图 4-54 所示完成对苹果素材包中原始照片的美化。

图 4-53　苹果样张（1）

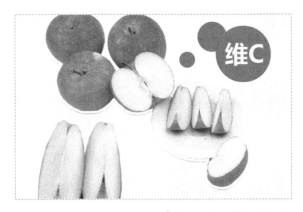

图 4-54　苹果样张（2）

任务 4.4 美容护肤类商品图片的美化

任务目标

（1）学会使用"扩展描边工具"制作图片扩展描边效果。
（2）学会使用"矩形工具"、"钢笔工具"制作不规则信息框。

任务描述

完成对数码配件类商品和食品饮料类商品图片的美化工作后，小刘对使用图片美化工具有了一定的心得，他向主管申请能部分自主完成新商品图片美化的任务。主管决定将已经拍摄好的润唇膏原始素材图片交由小刘制作，并让他利用扩展描边工具、矩形工具和钢笔工具，制作两幅成品图，其中部分内容让小刘自行决定，效果如图 4-55 所示。

（a）成品图（1）　　　　　　　　（b）成品图（2）

图 4-55　成品图

4.4.1　制作润唇膏成品图（1）

1. 新建背景图层

（1）对背景色进行调整，将颜色设置为"紫色"（R＝100，G＝59，B＝137），如图 4-56 所示。

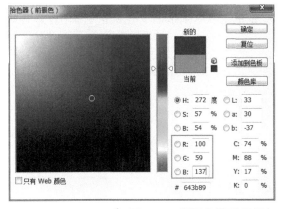

图4-56　设置背景图层颜色

（2）执行"文件/新建"命令，将宽度设置为"1183"像素，高度设置为"783"像素，分辨率设置为"72"像素/英寸，颜色模式为"RGB颜色"，背景内容为"背景色"，点击"确定"按钮，如图4-57所示。

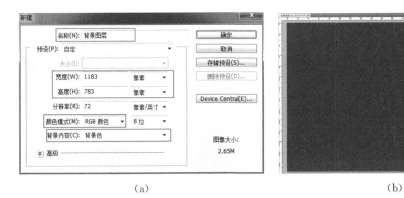

（a）　　　　　　　　　　　　　　　　　　（b）

图4-57　新建背景图层

2. 导入素材图片并进行抠图

（1）执行"文件/打开"命令，导入配套资源中的"素材\项目4\任务4.4\润唇膏.jpg"文件，如图4-58所示。

图4-58　导入素材

（2）点击工具箱中的"钢笔工具"，对润唇膏轮廓进行描边，如图 4-59 所示。

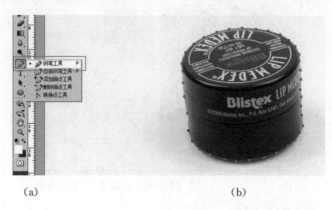

（a）　　　　　　　　　　　　　（b）

　图 4-59　用"钢笔工具"描边

（3）建立封闭路径后，按组合键 Ctrl＋Enter，将画出的路径载入选区，如图 4-60 所示。

　图 4-60　载入选区

3. 进行扩展描边

（1）利用"移动工具"，将载入的润唇膏移动至刚才新建的背景图层中，如图 4-61 所示。

　图 4-61　将润唇膏移至背景图层

（2）按 Ctrl＋T 键，进入编辑状态，对素材大小进行调整，如图 4-62 所示。

图 4-62　调整大小

（3）选择工具箱中的"魔棒工具"，单击紫色背景部分，再执行"选择/反向"命令，如图 4-63、图 4-64 所示。

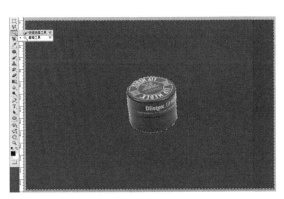

图 4-63　选择"魔棒工具"

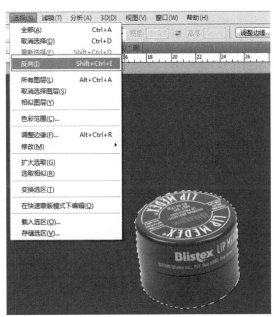

图 4-64　反向选择

（4）执行"选择/修改/扩展"命令，将扩展量设置为"15"像素，点击"确定"按钮，如图 4-65 所示。

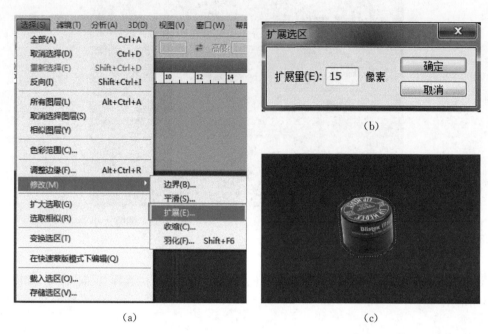

（a）　　　　　　　　　　　　　（c）

🔖 **图 4-65　将选区扩展**

（5）执行"编辑/描边"命令，在弹出的"描边"对话框中，将宽度设置为"8px"，颜色设置为"白色"（R=255，G=255，B=255），如图 4-66（a）所示。最终效果如图 4-66（b）所示。

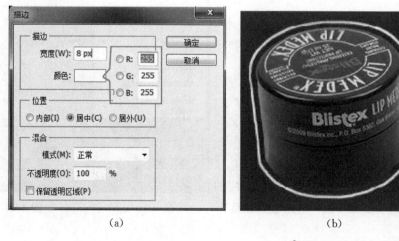

（a）　　　　　　　　　　　　　（b）

🔖 **图 4-66　添加白色描边**

（1）快捷键：钢笔工具、自由钢笔工具为 P 键；套索工具、多边形套索工具、磁性套索工具为 L 键；魔棒工具为 W 键。

（2）在"描边"选项中，数值越小，描边越细；数值越大，描边越粗。

（3）在"扩展"选项中，像素数越大，扩展越大，反之越小。

（4）对小件商品进行轮廓描边，能有突出商品本身的效果。

4.4.2　制作润唇膏成品图(2)

1. 新建背景图层

（1）对背景色进行调整，将颜色设置为"紫色"（R＝100，G＝59，B＝137）。

（2）执行"文件/新建"命令，将宽度设置为"1183"像素，高度设置为"783"像素，分辨率设置为"72"像素/英寸，颜色模式为"RGB 颜色"，背景内容为"背景色"，点击"确定"按钮，如图 4-67 所示。

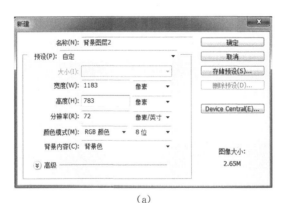

(a)

(b)

图 4-67　新建文件

2. 使用椭圆工具和钢笔工具创建图形

（1）使用工具箱中的"椭圆工具"，点击"形状图层"按钮，如图 4-68 所示绘制一个椭圆形。

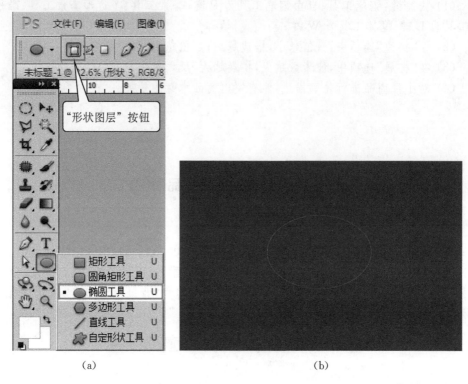

（a）　　　　　　　　　　　　　　　　　　　　　（b）

图 4-68　绘制椭圆

（2）使用工具箱中的"钢笔工具"，点击"形状图层"和"添加到形状区域"按钮，在椭圆的附近单击三个锚点，形成一个三角形，如图 4-69 所示。

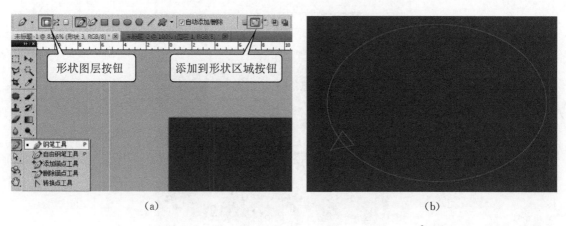

（a）　　　　　　　　　　　　　　　　　　　　　（b）

图 4-69　绘制三个锚点

（3）选中该路径图层，点击图层面板下方的"添加图层样式"按钮，选择"描边"效果，将大小设置为"3"像素，颜色为"白色"（R＝255，G＝255，B＝255），点击"确认"按钮，效果如图 4-70 所示。

（a）

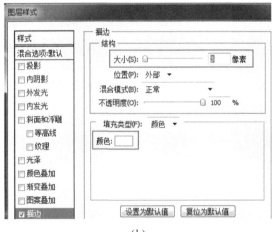

（b）

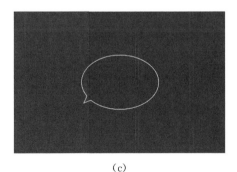

（c）

✎ 图 4-70　描边后的效果

说明

在 Photoshop CS6 或其以上版本中，可按照以下步骤绘制该图形。

（1）选择工具箱中的"椭圆工具"。

（2）选择"形状"选项，填充设置为"无颜色"，描边设置为"白色"，描边宽度设置为"3 点"，图形宽度设置为"432 像素"，高度设置为"298 像素"，绘制椭圆，如图 4-71 所示。

图 4-71　绘制椭圆

（3）选择"钢笔工具"，点击"形状"选项，描边设置为"白色"，宽度设置为"3 点"，点击"合并形状"选项，如图 4-72 所示绘制三个锚点。

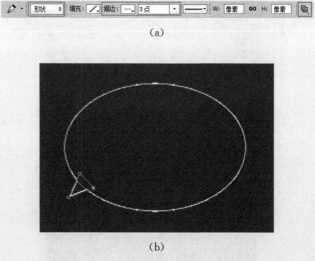

（a）

（b）

图 4-72　绘制三个锚点

3. 使用直接选择工具对图形进行调整

（1）使用"直接选择工具"，点击图形边框，当出现白色节点手柄时可对图形的形状进行调整，如图 4-73、图 4-74 所示。

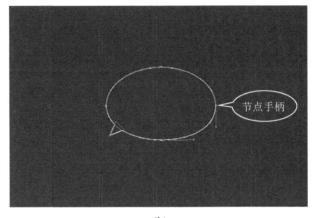

（a）   （b）

图 4-73　使用"直接选择工具"调整图形

图 4-74　调整后的图形形状

（2）最终效果如图 4-75 所示。

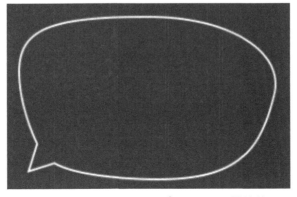

图 4-75　最终效果图

说 明

(1) 快捷键：矩形选框工具、椭圆选框工具为 M 键。

(2) 在椭圆上用钢笔工具画出三角形前要选择"添加到形状区域（合并形状）"选项。

(3) 用"直接选择工具"对图形的形状进行调整，可使图形更生动。

实战训练

请根据所提供的洗面奶图片样张，如图 4-76、图 4-77 所示，完成对洗面奶素材包中原始照片的美化。

图 4-76　洗面奶样张(1)

图 4-77　洗面奶样张(2)

任务 4.5　服装配饰类商品图片的美化

 任务目标

（1）学会使用"魔棒工具"在强对比的图片中抠图。

（2）学会使用"描边工具"制作描边效果。

（3）学会使用"渐变工具"制作特殊效果。

拓展案例 4.5

 任务描述

主管对小刘的图片美化技能给予了肯定，因此决定增加小刘的任务难度。本次的任务是将已经拍摄好的袜子原始素材图片，利用渐变等多种工具制作一幅成品图，如图 4-78 所示。

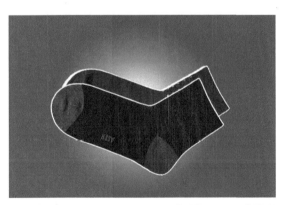

图 4-78　成品图

制作服装配饰类美化图片

1. 导入素材图片，完成抠图

（1）执行"文件/打开"命令，导入配套资源中的"素材\项目 4\任务 4.5\袜子. png"文件，如图 4-79 所示。

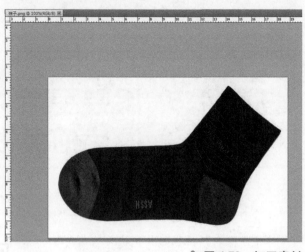

图 4-79　打开素材

（2）选择工具箱中的"魔棒工具"，单击图层中的白色空白部分，如图 4-80 所示。

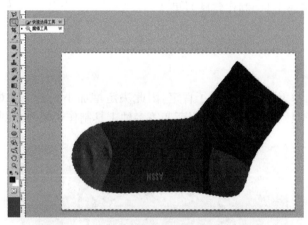

图 4-80　使用"魔棒工具"载入选区

（3）点击工具箱中的"油漆桶工具"，将前景色改为"暗红色"（R＝168，G＝30，B＝30），单击白色空白部分，对所选区域进行填充，如图 4-81 所示。

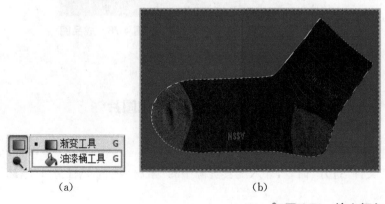

（a）　　　　　　　　　　　　　　　　（b）

图 4-81　填充颜色

（4）执行"选择/反向"命令，将袜子作为选区，如图4-82所示。

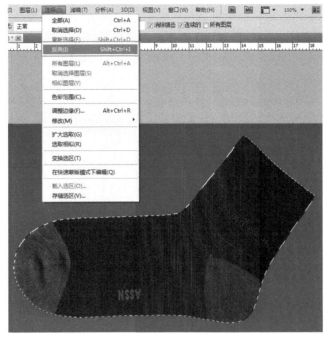

图4-82　反向选择

2. 对素材进行描边

（1）执行"编辑/描边"命令，在弹出的"描边"对话框中，将宽度设置为"4px"，颜色设置为"白色"（R＝255，G＝255，B＝255），如图4-83所示。

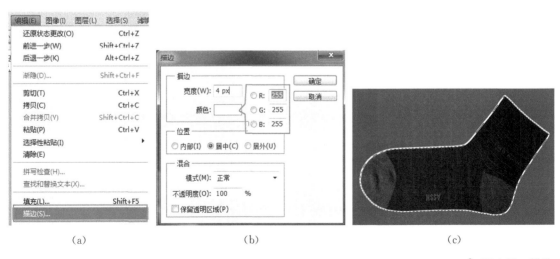

（a）　　　　　　　　　　　（b）　　　　　　　　　　　（c）

图4-83　描边

（2）同上步骤，将配套资源中的"素材\项目4\任务4.5\袜子2.png"文件，按照同样的方法再处理一遍，如图4-84所示。

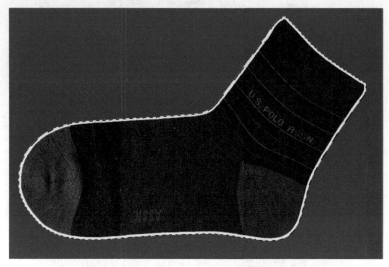

图4-84　用同样的方法处理

3. 新建背景文件，在背景图层上使用渐变效果

（1）执行"文件/新建"命令，将宽度设置为"18"厘米，高度设置为"12"厘米，分辨率设置为"72"像素/英寸，颜色模式为"RGB颜色"，背景内容为"白色"，点击"确定"按钮，如图4-85所示。

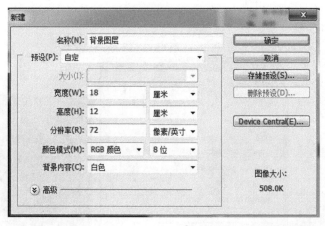

图4-85　新建背景图层

（2）点击工具箱中的"渐变工具"，在窗口上方选择"径向渐变"，再点击"渐变拾色器"按钮，在弹出的"渐变编辑器"中进行设置，双击左下方的颜色滑块，将颜色设置为"白色"（R＝255，G＝255，B＝255），位置为"0％"。双击右下方的颜色滑块，将颜色设置为"暗红色"（R＝172，G＝26，B＝48），位置为"100％"，如图 4-86 所示。

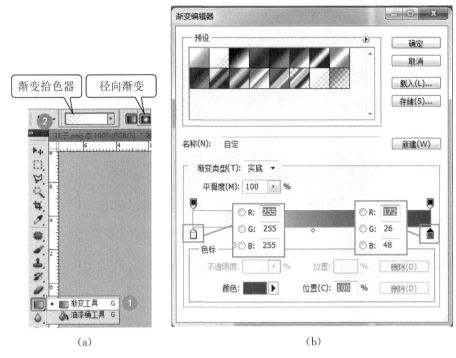

（a）　　　　　　　　　　　　　　　　　（b）

图 4-86　设置渐变参数

（3）在新建的背景图层上拉出参考线，并从图层的中心向四周拉出一条渐变线，此时出现渐变效果，如图 4-87 所示。

图 4-87　渐变效果

4. 将抠出的素材图片移动至背景图层上并完成排版

（1）将之前经过描边的两张袜子图片，利用"移动工具"移动至新建的背景图层中，如图 4-88 所示。

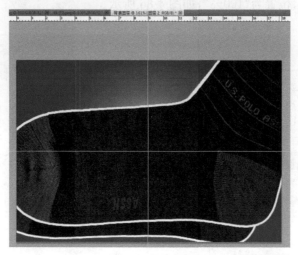

图 4-88　将素材移至背景图层

（2）按 Ctrl＋T 键进入编辑状态，对素材图片的大小和位置进行调整，最终效果如图 4-89 所示。

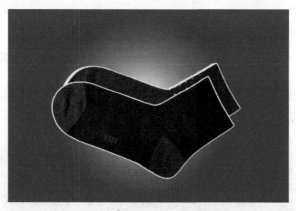

图 4-89　调整图片大小和位置

 说　明

（1）快捷键：油漆桶工具、渐变工具为 G 键。
（2）渐变工具有直线渐变、径向渐变、对称渐变、角度渐变和菱形渐变等选项。
（3）用魔棒工具抠图须在强对比的图片中进行。

实战训练

根据所提供的 T 恤图片样张,如图 4-90 所示,完成对 T 恤素材包中原始照片的美化。

图 4-90　T 恤样张

任务 4.6　家居日用品类商品图片的美化

任务目标

（1）学会使用"调整工具"对衣架图片进行细节排版。

（2）学会使用"色相/饱和度工具"制作其他颜色的衣架。

任务描述

小刘根据前面已完成任务的经验，他主动申请自行完成剩下的一类商品图片的美化任务。主管将小刘之前拍摄的衣架图片作为原始素材，让其利用调整工具、色相/饱和度工具，制作两幅成品图，效果如图 4-91 所示。

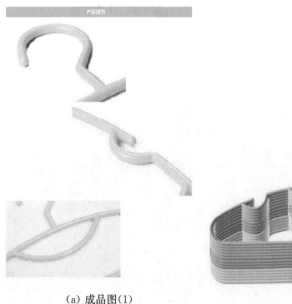

（a）成品图（1）　　　　　　　　　　　（b）成品图（2）

✎ **图 4-91　成品图**

4.6.1　制作衣架的成品图片(1)

1. 新建图层，导入素材图片

执行"文件/新建"命令，将宽度设置为"790"像素，高度设置为"1136"像素，分辨率设置为"300"像素/英寸，颜色模式为"RGB 颜色"，背景内容为"白色"，点击"确定"按钮，如图 4-92所示。

图 4-92　新建文档

2. 导入素材图片，并进行排版

（1）执行"文件/打开"命令，导入三张素材图片："产品细节 1.jpg"、"产品细节 2.jpg"和"产品细节 3.jpg"（见配套资源中的"素材\项目 4\任务 4.6"文件夹），如图 4-93 所示。

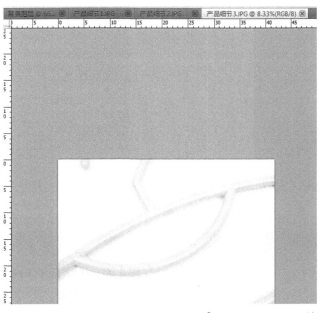

图 4-93　打开图片

（2）利用工具箱中的"移动工具"将素材图片移动至背景图层中，按 Ctrl＋T 键，调整素材图片的大小和位置，如图 4-94 所示。

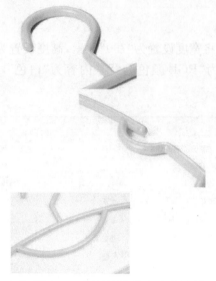

图 4-94　调整图片的大小和位置

3. 制作矩形框并编辑文字

（1）使用"矩形选框工具"建立一个宽为"790"像素，高为"44"像素的矩形框，填充颜色为"天蓝色"（R＝96，G＝216，B＝255），无描边，如图 4-95 所示。

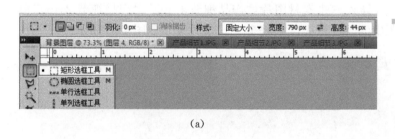

（a）

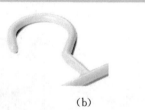

（b）

图 4-95　绘制矩形

说　明

在 Photoshop CS6 及其以上版本中，可通过"矩形工具"直接绘制固定大小的矩形，参数如图 4-96 所示。

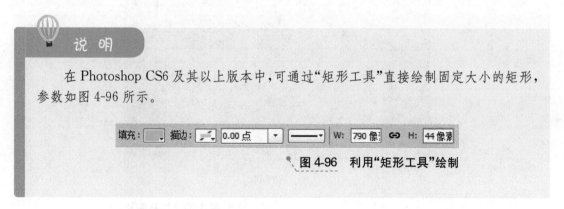

图 4-96　利用"矩形工具"绘制

（2）使用工具箱中的"文字工具"，输入文字"产品细节"，字体为"微软雅黑"，字号为"4.8点"，颜色为"白色"，如图4-97所示。利用"移动工具"移动文字，最终效果如图4-98所示。

图4-97　文字参数

图4-98　最终效果

说　明

（1）快捷键：矩形选框工具为M键；移动工具为V键；文字工具为T键。

（2）作为一张美化图，色调要整体一致，所以蓝色的衣架选择了蓝色的矩形框，视觉上更协调。

4.6.2　制作衣架的成品图片（2）

1. 新建背景图层，导入素材图片

（1）执行"文件/新建"命令，将宽度设置为"529"像素，高度设置为"356"像素，分辨率设置为"72"像素/英寸，颜色模式为"RGB颜色"，背景内容为"白色"，点击"确定"按钮。

（2）执行"文件/打开"命令，打开配套资源中的"素材\项目4\任务4.6\衣架展示.jpg"文件，如图4-99所示。

图4-99　打开文件

2. 利用"色相/饱和度"命令对素材图片进行调整

（1）执行"图像/调整"中的"色相/饱和度"命令，在弹出的"色相/饱和度"对话框中进行参数设置，将色相设置为"135"，饱和度设置为"54"，明度设置为"13"，如图 4-100 所示。

（a）参数

（b）效果图

图 4-100　调整"色相/饱和度"(1)

图 4-101　调整"色相/饱和度"(2)

（2）执行"图像/存储为"命令，将图片保存为"PNG"格式，并命名为"衣架展示 1"。

（3）同上操作，再次打开素材图片"衣架展示"，利用"色相/饱和度"命令对其色彩进行调整，参数分别为：色相 44、饱和度 69、明度 15，效果如图 4-101 所示。同时将调整后的图片保存为"PNG"格式，并命名为"衣架展示 2"。

3. 在背景图层上对原始素材图片及调整后的素材图片进行排版

（1）继续对"衣架展示 2. png"素材进行调整。选择工具箱中的"魔棒工具"，将容差设置为"30"，单击背景空白处，如图 4-102 所示。

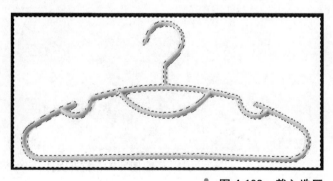

图 4-102　载入选区

（2）执行"选择/反向"命令，效果如图4-103所示。

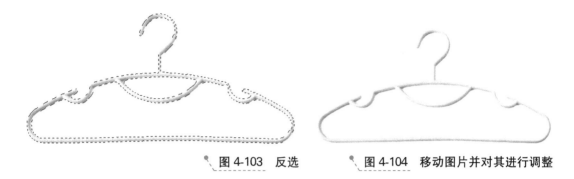

图4-103 反选　　　　　图4-104 移动图片并对其进行调整

（3）利用"移动工具"，将选取的衣架素材移动至背景图层中，并按Ctrl＋T键对其大小和位置进行调整，如图4-104所示。

（4）右击衣架所在的"图层1"，选择"复制图层"，按"确定"按钮，如图4-105所示。

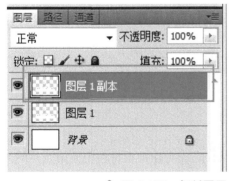

图4-105 复制图层　　　　　图4-106 图片上移

（5）利用"移动工具"将"图层1副本"上的衣架图片向上移至如图4-106所示的位置。

（6）同上操作，再复制三个图层，并使用"移动工具"将图层上的衣架图片移动至如图4-107所示的位置。

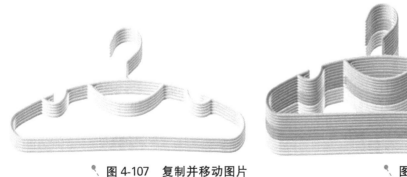

图4-107 复制并移动图片　　　　　图4-108 最终效果

（7）同上操作，继续完成其他两种颜色衣架的复制和摆放，最终效果如图4-108所示。

说 明

（1）快捷键：调整"色相/饱和度"为【Ctrl＋U】键。

（2）色相、明度、饱和度的区别。

● 色相：通俗地说就是"颜色"，色相的改变就是颜色的改变。

● 明度：通俗地说就是"光照度"，明度越高，光越强，越泛白；明度越低，光越弱，越往黑里偏。

● 饱和度：通俗地说就是"色彩的纯度"，饱和度的改变会影响颜色的鲜艳程度。

（3）图片格式的区分。

● PNG 格式：便携式网络图形，支持图片的半透明。

● JPG 格式：最常用的图像文件格式，是一种有损压缩格式，能够将图像压缩在很小的储存空间。

PSD 格式：这是 Photoshop 的专用文件格式，可以支持图层、通道、蒙版和不同色彩模式的各种图像特征，是一种非压缩的原始文件保存格式。

（4）容差：在使用魔棒工具时，容差如果是 0，说明魔术棒只能选择相同的颜色。容差越大，那么颜色就可以越广泛，其数值范围为 0—255。

 实战训练

请根据所提供的挂钟图片样张，如图 4-109 所示，完成对挂钟素材包中原始照片的美化。

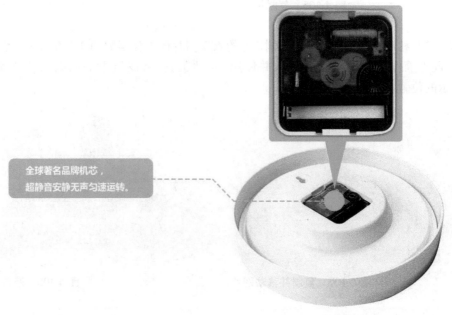

图 4-109 挂钟样张

项目评价

● 自我评价

主要内容		自我评价等级(在符合的情况下面打"√")			
		全都 做到了	80% 做到了	60% 做到了	没做到
任务 4.1	调整头绳图片尺寸				
	调整曝光过度图片				
	添加水印				
	调整模糊图片				
任务 4.2	麦克风图片美化				
任务 4.3	苹果图片美化				
任务 4.4	洗面奶图片美化				
任务 4.5	T恤图片美化				
任务 4.6	挂钟图片美化				
自我 总结	我的优势				
	我的不足				
	我的努力目标				
	我的具体措施				

● 小组评价

主要内容		小组评价等级(在符合的情况下面打"√")			
		全都 做到了	80% 做到了	60% 做到了	没做到
任务 4.1	调整头绳图片尺寸				
	调整曝光过度图片				
	添加水印				
	调整模糊图片				
任务 4.2	麦克风图片美化				
任务 4.3	苹果图片美化				
任务 4.4	洗面奶图片美化				

续　表

主要内容		小组评价等级(在符合的情况下面打"√")			
		全都做到了	80%做到了	60%做到了	没做到
任务4.5	T恤图片美化				
任务4.6	挂钟图片美化				
建议					
		组长签名：　　　　　年　　月　　日			

● 教师评价

主要内容		教师评价等级(在符合的情况下面打"√")			
		优秀	良好	合格	不合格
任务4.1	调整头绳图片尺寸				
	调整曝光过度图片				
	添加水印				
	调整模糊图片				
任务4.2	麦克风图片美化				
任务4.3	苹果图片美化				
任务4.4	洗面奶图片美化				
任务4.5	T恤图片美化				
任务4.6	挂钟图片美化				
评语					
		教师签名：　　　　　年　　月　　日			

项目小结

　　我们通过本项目的学习,掌握了商品图片美化的操作技能。这些完成了的商品成品图,即可应用于商品详细页的制作。

项目 1　　项目 2　　项目 3　　项目 4　　项目 5

项目 5
商品的详细页设计

　　为了迎接即将到来的"双十一",某电商企业打算推出一系列"双十一"特惠商品,在进行商品拍摄、图片美化等步骤之后,为了能够把商品原本、真实的面貌还原给浏览页面的消费者,该企业需要工作人员为这些商品设计出优秀的商品详细页面。商品详细页的美观度、信息内容的完整度将影响商品的实际销售情况。公司安排小刘等新近员工一起参与对这批双十一特惠商品的详细页设计工作。他们需要设计的这批商品包括数码配件、食品饮料、美容护肤、服装配饰、家居日用品这五大类。接下来,我们将跟随小刘一起学习如何运用 Photoshop 软件来制作商品的详细页。

知识目标
(1) 了解商品详细页的构成和图文编排技巧。
(2) 掌握数码配件类商品详细页的设计方法。
(3) 掌握食品饮料类商品详细页的设计方法。
(4) 掌握美容护肤类商品详细页的设计方法。
(5) 掌握服装配饰类商品详细页的设计方法。
(6) 掌握家居日用品类商品详细页的设计方法。

技能目标
(1) 能够分析商品详细页的构成。
(2) 会对商品详细页进行图文编排。
(3) 能够使用软件对商品详细页进行设计、美化。

情感目标
(1) 具备对商品详细页面美化的意识。
(2) 具备良好的设计创新意识。

任务 5.1 常见的商品详细页图文编排技巧介绍

任务目标

（1）了解商品详细页的构成。

（2）掌握商品详细页的图文编排技巧。

任务描述

传统的销售方式（线下）可以通过多种方法同顾客沟通，顾客可以通过对商品的直观感受选择购买与否，而在电子商务平台，页面是与顾客沟通的主要方式。

简单来说，商品详细页就是对商品进行描述的地方。商家在发布产品时，需要在后台填写商品的属性、功能、特点等信息。这些信息填写得越详细，顾客在访问页面的时候就会更加容易和充分地了解产品的信息，这样一方面可以节约客服沟通的成本，另一方面有利于提高转化率，进而提高销售额。

5.1.1 商品详细页的构成

如果把电子商务网站比作超市，商品列表页就是超市的货架，商品详细页就是商品的包装。但是在互联网上，详细页的功能不仅仅是包装，它还包括更多的智能分析结果、可逆性查找等功能。在这里我们将介绍电子商务网站商品详细页的一般构成。不同的商家页面设计风格会有所不同，但是他们的页面构成都离不开以下信息。

1. 商品的详细介绍

通过图片与文字的描述，对商品的属性、功能、特点进行介绍，使顾客对产品有全面、感性的认识。

2. 商品的销售记录

通过销售记录展示商品的可信度，吸引更多顾客进行消费。

3. 他人使用后的体验和分享

顾客可以通过他人的使用体验，进一步了解产品的属性。顾客一般会认为商家提供的产品信息宣传性太强，而其他顾客的评论则相对更为真实。

4. 同类产品推荐

同类产品推荐是提升客户体验的方式之一，通过顾客对页面的点击了解客户需求并做出同类产品的推荐，能够提升页面转化率。

5. 同类产品对比

同类产品对比可以体现商品的竞争力，促使消费者购买商品。

6. 相关商品推荐

相关商品推荐也是商家的组合营销手段之一，通过相关商品的推荐可以进一步提升转化率。

7. 商家其他信息

商家的其他信息包括物流、售后、品牌介绍以及商家实力展示等，这些信息的展示可以增加顾客对商家的信任度。

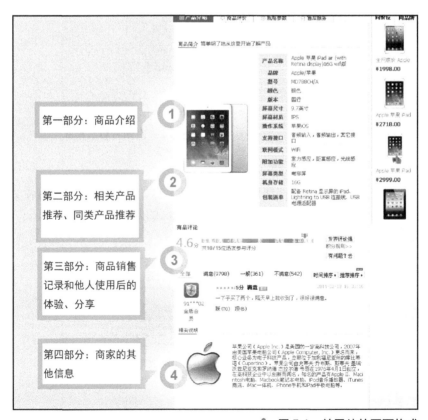

图 5-1　某网站的页面构成

5.1.2 商品详细页的图文编排技巧

详细页所包含的信息、信息页的编排方式、图片和模块的布局等都影响着页面的转化率及用户体验。详细页中的每一个板块都有着不同的排版模式，这些排版模式一般有左图右参数模式、纯文字模式、大图模式、标签栏模式等。

1. 左图右参数模式（用于商品简介板块，位于顶部）

左图右参数模式的排版理念是：左边是商品主图，右边是商品的各项参数等详细信息，这能带给消费者全面又直观的感受，如图 5-2 所示。

图 5-2　左图右参数模式

2. 纯文字模式（用于介绍商品特色的精选文案）

纯文字模式的排版理念是：全部使用简洁优美的文字对该商品的特色、品牌文化等进行介绍，使消费者对该商品有进一步的了解，在情感上有更深的共鸣，如图 5-3 所示。

图 5-3　纯文字模式

3. 大图模式（用于介绍商品特色的精选文案）

大图模式的排版理念是：大图展示更具有视觉冲击力，用大图突出商品特色，能吸引消费者的眼球，如图 5-4 所示。

图 5-4　大图模式

4. 标签栏模式（用于每个板块的分割）

标签栏模式的排版理念是：通过标签的一系列提示，使消费者能更迅速地捕捉到商品的使用方法、性能、售后服务等信息，如图 5-5 所示。

使用小贴士　　　　　　　　　　　　　　正品低价·闪电速揽

保养您的苹果 iPad air MD788CH/A以及相关外围设备：

步骤一：关闭电源并移除外接电源线，拆除内接电池及所有的外接设备连接线。

步骤二：用小吸尘器将连接头、键盘缝隙等部位之灰尘吸除。

步骤三：用干布略为沾湿再轻轻擦拭机壳表面，请住意千万不要将任何清洁剂滴入机器内部，以避免电路短路烧毁。

步骤四：等待平板电脑 iPad air MD788CH/A完全干透才能开启电源。

图 5-5　标签栏模式

 实战训练

在任一电子商务网站中，截取本任务所讲解的四种排版方式，并以 word 形式保存。

任务5.2 数码配件类商品的详细页制作

任务目标

（1）学会图片与文字的组合运用。

（2）学会使用"钢笔工具"制作标签。

（3）学会使用"文字工具"组合编辑文字。

（4）学会使用"矩形工具"制作指示图标。

任务描述

通过主管对商品详细页构图和规则的详细讲解，小刘对商品详细页的制作从整体上有了崭新的概念和思路。接下来，主管将参加培训的新员工分为两组，大家共同制作U盘商品的详细页。主管先对该详细页做出了制作说明：在这个案例中，将U盘的成品图和给定的介绍文字进行组合排版，最终制作出如图5-6所示的详细页效果图片。这张U盘的效果图整体是金属色色调，用标签划分出五个部分，分别是特色、作用、功能、细节和售后。

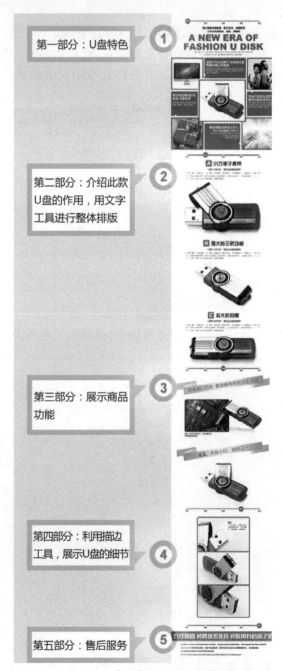

图5-6 U盘商品的详细页

5.2.1　制作特色板块

（1）执行"文件/新建"命令，将文件名称改为"U 盘详细页"，将宽度设置为"790"像素，高度设置为"4796"像素，将分辨率设置为"72"像素/英寸，颜色模式为"RGB 颜色"，背景内容为"白色"，点击"确定"按钮。

（2）点击图层面板中的"创建新组"按钮，并将该组命名为"特色板块"，此板块的图层均放置于该组中。新建图层并命名为"矩形 1"，点击工具箱中的"矩形选框工具"，将宽度设置为"555px"，高度设置为"5px"，设置填充颜色为"红色"（R＝227，G＝36，B＝28），调整位置，效果如图 5-7 所示。

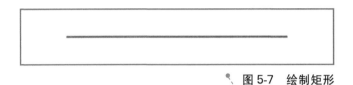

　图 5-7　绘制矩形

（3）新建图层并命名为"大圆 1"，点击工具箱中的"椭圆选框工具"，设置宽度为"38px"，高度为"38px"，设置填充颜色为"红色"（R＝227，G＝36，B＝28），调整位置，效果如图 5-8 所示。

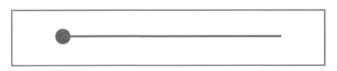

　图 5-8　绘制圆形

（4）新建图层并命名为"小圆 1"，选择"椭圆选框工具"，将宽度和高度均设置为"13px"，并将其填充为"白色"（R＝255，G＝255，B＝255），描边色设置为"红色"（R＝227，G＝36，B＝28），描边宽度为"1px"，绘制圆形并调整位置，如图 5-9（a）所示。选中图层"小圆 1"，右击选择"复制图层"，共复制 3 个同样的圆形，并调整位置，效果如图 5-9（b）所示。

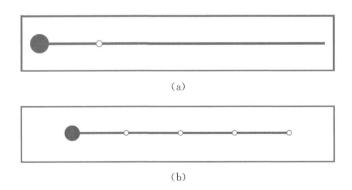

（a）

（b）

　图 5-9　绘制 4 个小圆

139

（5）点击"文字工具"，设置字体为"微软雅黑"，字体样式为"Bold"，字号为"15点"，颜色为"白色"（R＝255，G＝255，B＝255），添加文字"特色"并调整位置，效果如图5-10所示。

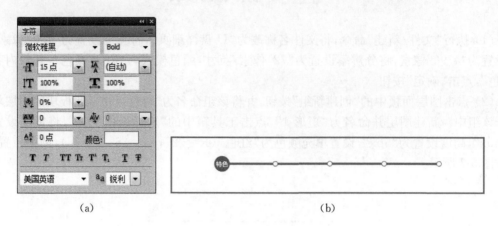

(a)　　　　　　　　　　　　　　　　(b)

🔖 **图5-10　输入文字（1）**

（6）点击"文字工具"，设置字体为"微软雅黑"，字号为"12点"，填充颜色为"红色"（R＝227，G＝36，B＝28），添加文字"作用"。用同样的参数添加文字"功能"、"细节"、"售后"，将其从左到右排列，效果如图5-11所示。

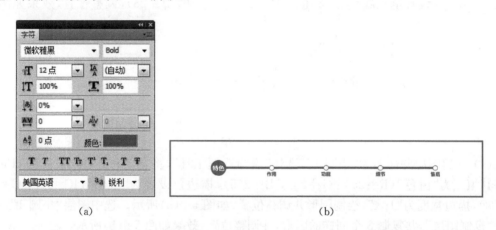

(a)　　　　　　　　　　　　　　　　(b)

🔖 **图5-11　输入文字（2）**

（7）选择"文字工具"，其他参数不变，将字号改为"18点"，颜色改为"黑色"（R＝0，G＝0，B＝0），添加文字："我们是都市新能量，敢于追寻、实现梦想"；"让生活充满缤纷、动感，更美好"，使文字居中对齐并调整位置，如图5-12所示。

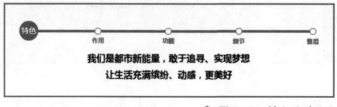

🔖 **图5-12　输入文字（3）**

（8）选择"文字工具"，设置字体为"Arial"，字体样式为"Black"，字号为"65 点"，颜色设置为"红色"（R＝227，G＝36，B＝28），行距为"65 点"，添加文字"A NEW ERA OF FASHION U DISK"，调整位置，效果如图 5-13 所示。

图 5-13　输入文字（4）

（9）选择"文字工具"，其他参数不变，将字体样式改为"Regular"，字号改为"12 点"，行距为"18 点"，添加文字："WE ARE A CITY 80，THE COURAGE TO PURSUE AND REALIZE THEIR DREAMS"；"LIFE IS FULL OF COLORFUL，MOVING，A BETTER"，并调整位置，效果如图 5-14 所示。

图 5-14　输入文字（5）

（10）执行"文件/打开"命令，打开"项目 4 任务 4.2"中美化好的"成品图 1"（配套资源中的"素材\项目 5\任务 5.2\成品图 1.jpg"），如图 5-15 所示。

图 5-15　打开文件

141

（11）双击"背景"图层，按"确定"按钮，将图层解锁。然后直接把图片拖入"U 盘详细页.psd"文件中，将图层名改为"成品图"，并调整位置和大小，效果如图 5-16 所示。

图 5-16 拖入图片文件后的效果

 说　明

　　（1）在详细页用一条轴线贯穿商品的特色、作用、功能、细节、售后五大点，能使详细页更具有条理性，有助于消费者理解。

　　（2）"特色"图要突出商品的特色，要在第一时间抓住消费者的眼球，促使其继续浏览该商品。

　　（3）PS 快捷键：放大视图【Ctrl】+【+】键；缩小视图【Ctrl】+【-】键；满画布显示【Ctrl】+【0】键；实际像素显示【Ctrl】+【Alt】+【0】键。

5.2.2　制作作用板块

（1）创建新组并命名为"作用板块"，此板块图层均放置于该组中。

（2）使用相同的方法绘制导航条，效果如图 5-17 所示。

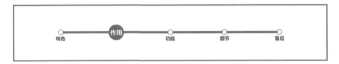

　　🔖 **图 5-17　作用板块的导航条效果图**

（3）执行"文件/打开"命令，打开配套资源中的"素材\项目 5\任务 5.2\素材 1.jpg"文件，如图 5-18 所示。

　　🔖 **图 5-18　打开素材**

（4）双击"背景"图层，按"确定"按钮，将图层解锁。用"魔棒工具"点击图片空白处，再执行菜单栏中的"选择/反向"命令，将 U 盘选中，把 U 盘拖入"U 盘详细页.psd"文件中，并将图层名改为"素材 1"，调整位置和大小，效果如图 5-19 所示。

🔖 **图 5-19　拖入素材图片并对其进行调整**　　🔖 **图 5-20　拖入另外两个素材图片并调整**

（5）按照相同的操作，将其他两个素材，即"素材\项目 5\任务 5.2"文件夹中的"素材 2.jpg"、"素材 3.jpg"拖入"U 盘详细页.psd"文件中，并将图层名分别改为"素材 2"、"素材 3"，调整图片的位置和大小，效果如图 5-20 所示。

（6）新建图层并命名为"方形 1"，点击"矩形选框工具"，将宽度和高度均设置为"44px"，填充颜色改为"红色"(R=227，G=36，B=28)，绘制矩形并调整位置，如图 5-21 所示。

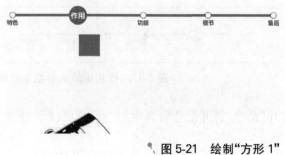

　图 5-21　绘制"方形 1"

(7) 选中图层"方形 1"，将其拖动至图层面板右下角的"创建新图层"按钮上，复制出一个图层，再拖动一次(共复制两个方形图层)，调整复制出的两个方形的位置，如图 5-22 所示。

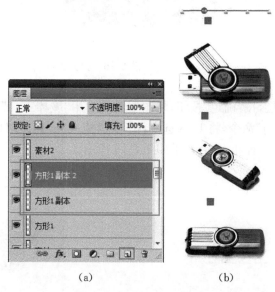

(a)　　　　　　　　　　(b)

　图 5-22　复制出两个方形(1)

(8) 新建图层"方形 2"，选择"矩形选框工具"，将宽度和高度设置为"44px"，填充颜色为"白色"(R=255，G=255，B=255)，描边颜色为"红色"(R=227，G=36，B=28)，描边宽度为"1 点"，将该图层放置于图层"方形 1"的下方，如图 5-23 所示。

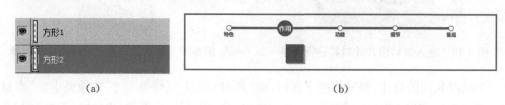

(a)　　　　　　　　　　　　　　　　(b)

　图 5-23　绘制"方形 2"

（9）再复制出两个"方形 2"图层，并放置于另外两个红色方形的下方，效果如图 5-24 所示。

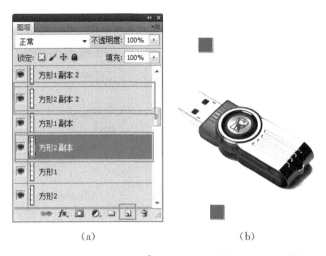

（a）　　　　　　　　（b）

图 5-24　复制出两个方形（2）

（10）点击文字工具 ![T]，将字体设置为"Arial"，字体样式设置为"Black"，字号设置为"40 点"，颜色设置为"白色"（R＝255，G＝255，B＝255），添加文字"A"。用同样的参数添加文字"B"和"C"，并将其分别移至红色方形的中间，调整位置效果如图 5-25 所示。

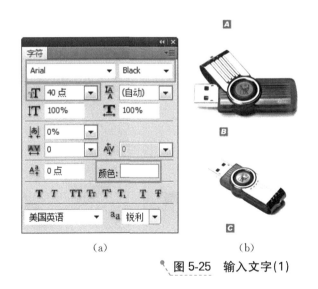

（a）　　　　　　　　（b）

图 5-25　输入文字（1）

（11）选择"文字工具"，设置字体为"建行儒黑中"，字号为"35 点"，设置消除锯齿的方式为"犀利"，颜色为"黑色"（R＝0，G＝0，B＝0），添加文字"小巧便于携带"。用同样的参数再添加文字"强大的三防功能"、"巨大的容量"，从上到下分别放于三个红色方形的右边，效果如图 5-26 所示。

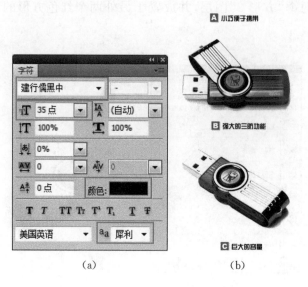

(a)   (b)

图 5-26　输入文字 (2)

（12）选择"文字工具"，设置字体为"汉仪综艺体简"，字号为"16 点"，颜色为"黑色"（R＝0，G＝0，B＝0），添加文字"一般在 15 克左右　特别适合随身携带"。用同样的参数添加文字"防震、防水、防尘　保障数据安全"、"多种容量选择　满足您的需求"。将这三段文字放于上面三个标题的下方，如图 5-27 所示调整位置。

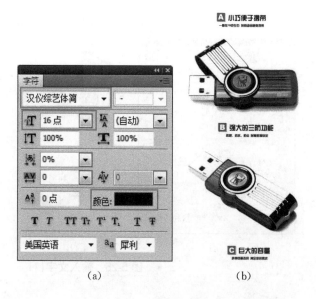

(a)   (b)

图 5-27　输入文字 (3)

（13）选择"文字工具"，设置字体为"宋体"，字号为"12 点"，颜色为"黑色"（R＝0，G＝0，B＝0），添加配套资源中的"素材\项目 5\任务 5.2\文字 1.txt"中的文字。将这段文字再复制出两个副本，并分别放于上面文字的下方，调整位置，效果如图 5-28 所示。

（a） （b）

图 5-28 输入文字（4）

这里为了实现效果复制了同样的文字，真实工作中应根据广告文案修改文字。

说 明

（1）在制作详细页时，颜色搭配要有整体意识：本产品以红色为主体，配以银色的盖子，所以我们选用了红、白、黑三色进行搭配。

（2）"作用"图要突出商品的作用。在本任务制作的图片中，列举了 A、B、C 三个要点，简洁明了，并搭配了从三个不同角度拍摄的商品图，使消费者对商品的信息有了更进一步的了解。

（3）在字体上，A、B、C 三大特点的标题序号最突出，字号最大、最显眼，以吸引消费者的注意。详细的介绍文字字体较细、较小，作为陪衬。

5.2.3 制作功能板块

（1）创建新组并命名为"功能板块"，此板块图层均放置于该组中。

（2）使用相同的方法绘制导航条，效果如图 5-29 所示。

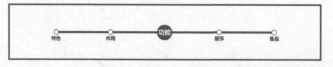

图 5-29　功能板块的导航条效果图

（3）执行"文件/打开"命令，打开配套资源中的"素材\项目 5\任务 5.2\折边.jpg"文件，如图 5-30 所示。双击"背景"图层，弹出"新建图层"对话框，按"确定"按钮，将图层解锁。选择"魔棒工具"，设置容差为"16"，点击图片空白处，再执行菜单栏的"选择/反向"命令，选中折边素材，把它拖入"U 盘详细页.psd"中并将其所在图层命名为"折页"，调整大小和位置，效果如图 5-31 所示。

图 5-30　打开素材　　　　图 5-31　拖入素材并对其进行调整(1)

（4）同上操作，把配套资源中的"成品图 2.jpg"（项目 4 任务 4.2 中的成品图 2）、"素材 4"图片依次拖入"U 盘详细页.psd"中。使用"魔棒工具"选取"成品图 2"时，可将容差设置为"15"。将"成品图 2"所在的图层命名为"成品图 2"，"素材 4"所在的图层命名为"素材 4"。合理排版，最终效果如图 5-32 所示。

　"成品图 2"置于"素材 4"上方时，U 盘的投影部分可适当删除。

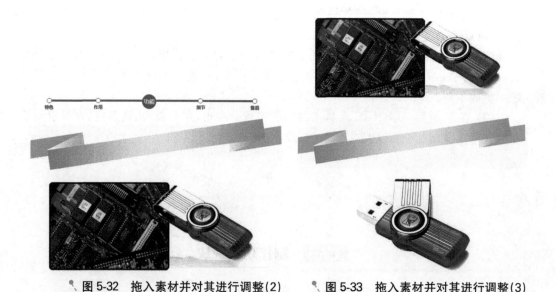

图 5-32　拖入素材并对其进行调整(2)　　　图 5-33　拖入素材并对其进行调整(3)

（5）复制图层"折页"，将副本移至页面下方。打开配套资源中的"素材\项目 5\任务 5.2\素材 5.jpg"文件，使用"魔棒工具"，将图片中的 U 盘选中后拖入"U 盘详细页.psd"中，将该图层命名为"素材 5"，调整图片的大小和位置，如图 5-33 所示。

（6）选择"文字工具"，设置字体为"微软雅黑"，字体样式为"Bold"，字号为"32 点"，字体颜色先随意，添加文字"原装进口芯片　有效确保数据安全　稳定"。用相同的参数添加文字"便捷、外形小巧、旋转设计"，按住 Ctrl＋T 键，调整两段文字的角度，使之与折边平行，调整效果如图 5-34 所示。

（7）选择上面第一个输入的文字图层，双击该图层，进入"图层样式"对话框。选择"描边"效果，将颜色设置为"白色"（R＝255，G＝255，B＝255），大小设置为"2"像素，如图 5-35（a）所示。再选择"渐变叠加"效果，点击渐变色块部分，进入"渐变编辑器"对话框，先双击左边的色块，将颜色设置为"深棕色"（R＝

图 5-34　输入文字(1)

101，G＝69，B＝2），点击"确定"按钮，再选择中间的色块（如果没有，直接在该区域单击，建立一个色块，位置为"61％"），颜色改为"浅棕"（R＝176，G＝138，B＝57），最后选择右边的色块，颜色改为"棕色"（R＝112，G＝80，B＝10）。设置完成后，点击右上角的"确定"按钮，再点击"图层样式"对话框中的"确定"按钮，如图 5-35（b）所示。

（a）

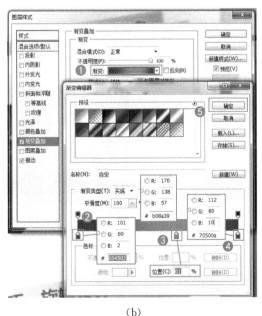

（b）

图 5-35　为文字添加效果

（8）选中刚设置好效果的文字图层，右击图层，选择"拷贝图层样式"命令，再右击第二段文字所在的图层，选择"粘贴图层样式"命令，效果如图 5-36 所示。

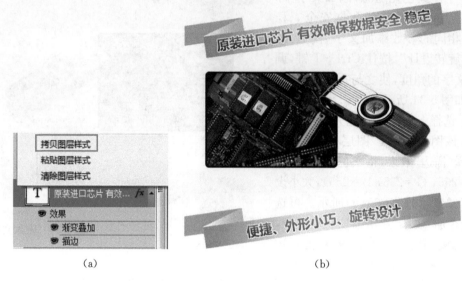

（a）   （b）

图 5-36　拷贝图层样式

（9）使用"文字工具"，将字体设置为"微软雅黑"，字号为"12 点"，行距设置为"18 点"，颜色设置为"黑色"（R=0，G=0，B=0），输入文字"配合一流水平电路设计，充分保障 U 盘可存储容量和稳定"，调整文字位置，如图 5-37 所示。

图 5-37　输入文字（2）

说　明

（1）"功能"图要突出商品的功能。图中列举了本产品的两项功能，文字简洁，使消费者能更全面地了解产品。

（2）通过使用折边素材，能有不同于前几页的设计效果，既显得生动活泼，又避免了因和前几幅图相似而使消费者产生视觉疲劳。

（3）在"功能图"中，使用了一幅U盘内部结构图作为陪衬，突出了本商品的科技感。

5.2.4 制作细节板块

（1）创建新组并命名为"细节板块"，此板块中的图层均放置于该组中。按照之前的步骤和参数绘制细节板块的导航条，效果如图 5-38 所示。

🔖 **图 5-38　绘制细节板块的导航条**

（2）执行"文件/打开"命令，打开"素材 6.jpg"、"素材 7.jpg"、"素材 8.jpg"文件，将这三幅素材图片拖入"U盘详细页.psd"文件中，调整大小和位置，如图 5-39 所示。

🔖 **图 5-39　拖入素材图片**

> 注　为了便于图层管理，须将拖入的素材图片图层重新命名为"素材 6"、"素材 7"、"素材 8"。

（3）新建图层"圆角矩形"，选择"圆角矩形工具"，点击上方的"路径"按钮，绘制如图 5-40 所示的圆角矩形路径，按 Ctrl＋Enter 键，将路径转为选区。执行"编辑/描边"命令，将宽度设置为"5px"，颜色设置为"红色"（R＝227，G＝36，B＝28），效果如图 5-40 所示。

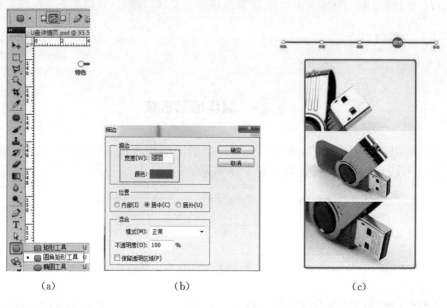

（a）　　　　　　　　　（b）　　　　　　　　　（c）

图 5-40　绘制圆角矩形

（4）新建图层"直线 1"，点击"直线工具"，点击窗口上方的"填充像素"按钮，将粗细设置为"5px"，前景色设置为"红色"（R＝227，G＝36，B＝28），如图 5-41 所示绘制直线。用同样的方法在下面两张图之间再绘制一条直线。

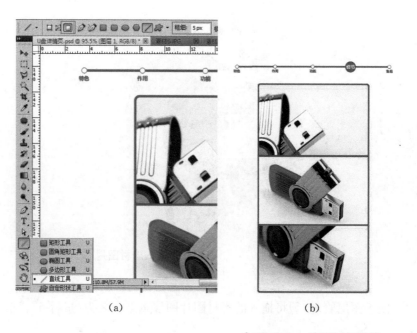

（a）　　　　　　　　　　　　　　（b）

图 5-41　绘制两条直线

（5）新建图层"矩形白色"，选择"矩形选框工具"，将其宽度设置为"145px"，高度设置为"88px"，绘制矩形并将其填充为"白色"（R=255，G=255，B=255），调整位置，效果如图 5-42 所示。

图 5-42　绘制白色矩形　　图 5-43　绘制白色三角形

（6）新建图层"三角形"，点击"多边形工具"，将前景色设置为"白色"，边设置为"3"，在空白处拖住鼠标不放，向外滑动建立三角形，按 Ctrl+T 键，调整三角形的位置、方向、大小，效果如图 5-43 所示。

（7）点击"文字工具"，设置字体为"微软雅黑"，字体样式为"Bold"，字号为"14 点"，颜色为"黑色"（R=0，G=0，B=0），添加文字"接口"，并调整位置，效果如图 5-44 所示。

（a）

（b）

图 5-44　输入文字(1)

（8）选择"文字工具"，其他参数不变，将字体样式改为"Regular"，字号改为"12 点"，行距改为"18 点"，添加文字"USB2.0 接口，无需驱动器，普通电脑都可以，支持热插拔，即插即用，使用简便。"调整文字的位置，效果如图 5-45 所示。

（a）

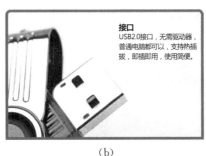

（b）

图 5-45　输入文字(2)

说 明

（1）"细节"图要突出商品的细节。三张不同部位的细节图展示了本产品的细节，体现了商品的品质，使消费者有更为细致的了解。

（2）组图中的红色描边呼应了整个商品的主色调和排版的主色调，有整体感和艺术感。

（3）带箭头的接口说明图使消费者看起来一目了然，生动易懂。

5.2.5 制作售后板块

（1）创建新组并命名为"售后板块"，此板块中的图层均放置于该组中。按照之前的步骤和参数绘制售后板块的导航条，效果如图 5-46 所示。

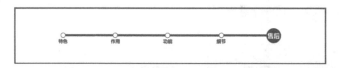

图 5-46　绘制售后板块的导航条

（2）执行"文件/打开"命令，打开配套资源中的"素材\项目 5\任务 5.2\底纹.jpg"文件，并将它拖入"U 盘详细页.psd"文件中，图层名改为"底纹"，调整位置，效果如图 5-47 所示。

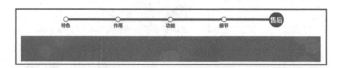

图 5-47　拖入素材文件

（3）点击"文字工具"，设置字体为"方正粗谭黑简体"，字号为"48 点"，设置消除锯齿的方法为"犀利"，水平缩放"85％"，颜色任意，添加文字"五年保固　免费技术支持　免除所有后顾之忧"，调整位置，效果如图 5-48 所示。

（a）　　　　　　　　　　　　　　　　（b）

图 5-48　输入文字

（4）双击该文字图层，进入"图层样式"对话框，选择"颜色叠加"效果，将颜色改为"黄色"（R＝255，G＝252，B＝0），最终效果如图 5-49 所示。

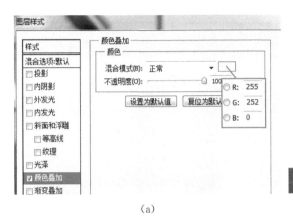

（a）　　　　　　　　　　　　　　　　　（b）

图 5-49　添加"颜色叠加"效果

（5）选择"文字工具"，设置字体为"微软雅黑"，字体样式为"Bold"，字号为"12 点"，颜色为"深灰"（R＝54，G＝54，B＝54），添加配套资源中的"素材\项目 5\任务 5.2\文字 2.txt"文件中的文字。再选中网站地址，设置颜色为"红色"（R＝227，G＝36，B＝28），如图 5-50 所示。

图 5-50　最终效果

说　明

（1）"售后"图要突出商品的售后服务，展现产品生产厂商的服务品质。

（2）"五年保固，免费技术支持"这样的口号简洁明了，使消费者能更放心地购买本产品。

（3）售后宣传口号运用红底黄字，既有视觉冲击力，又和整体设计的红色基调相呼应。

实战训练

根据所提供的麦克风详细页样张和素材包，完成麦克风详细页的制作。样张请见本书最前的"作品赏析"页面或配套资源中的"素材\实战训练\项目 5\任务 5.2\样张.jpg"文件。

任务5.3 食品饮料类商品的详细页制作

任务目标

（1）学会使用"蒙版工具"制作图片投影效果；

（2）学会使用"羽化工具"对商品图片进行羽化处理；

（3）学会使用"文字工具"组合编辑文字；

（4）学会使用"椭圆工具"制作修饰边框；

（5）学会使用"矩形工具"、"钢笔工具"进行引导线制作。

任务描述

小刘这组新进员工在主管的指导下完成了U盘商品详细页的设计工作，有了一定的设计经验。为了提升新进员工的商品详细页制作技能，主管又分配了食品饮料类商品，即咖啡的详细页制作工作。制作要求是：将咖啡原始图、部分成品图以及给定的介绍文字进行适当地组合排版，最终制作出如图5-51所示的详细页效果。这张咖啡详细页效果图整体是棕色色调，环形块状布局，以引导线引出内容，用标签划分出六个部分，分别是头图、产品介绍、产品特色、主要成分、产品展示、食用说明。

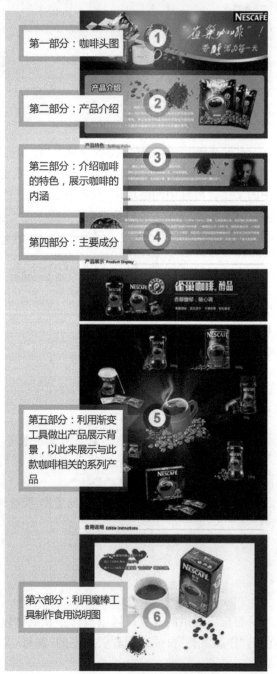

图5-51 咖啡商品的详细页

5.3.1　制作商品头图

（1）执行"文件/新建"命令，将文件名改为"咖啡详细页"，将宽度设置为"790"像素，高度设置为"2689"像素，分辨率设置为"72"像素/英寸，颜色模式为"RGB 颜色"，背景内容为"白色"，点击"确定"按钮。

（2）点击图层面板中的"创建新组"按钮，并将该组命名为"商品头图"，此板块的图层均放置于该组中。执行"文件/打开"命令，打开配套资源中的"素材\项目 5\任务 5.3\成品图.jpg"文件（项目 4任务 4.3 中的成品图），利用"移动工具"把图片拖入"咖啡详细页.psd"中，调整位置和大小，将该图层命名为"头图"，如图 5-52 所示。

图 5-52　拖入头图

说　明

（1）制作商品头图要突出商品特色，以吸引消费者的眼球。

（2）商品头图能为下面的板块设计定下版式和颜色基调。

（3）商品头图一般应具备的元素有：品牌、商标、广告语、产品等。

5.3.2　制作产品介绍板块

（1）创建新组"产品介绍"，此板块中的图层均放置于该组中。新建图层"矩形"，点击"矩形选框工具"，将宽高设置为"790px"，高度设置为"277px"，绘制矩形选框，填充颜色为"咖啡色"（R＝111，G＝42，B＝1），调整位置，效果如图 5-53 所示。

图 5-53　绘制矩形

（2）新建图层"圆角矩形"，选择"圆角矩形工具"，点击"路径"按钮，绘制如图 5-54 所示的圆角矩形，按 Ctrl＋Enter 键建立选区，填充颜色为"淡咖啡色"（R＝225，G＝203，B＝189）。

图 5-54　绘制圆角矩形

（3）执行"文件/打开"命令，打开"素材\项目 5\任务 5.3"文件夹中的"咖啡粉末.jpg"、"咖啡豆.png"、"咖啡内包装.jpg"三张素材图片。用魔棒工具点击图片白色背景处，再执行菜单栏中的"选择/反向"命令，将选区中的图片拖入"咖啡详细页.psd"中，按 Ctrl＋T 键进行调整，并将图层名分别修改为"咖啡粉末"、"咖啡豆"、"咖啡内包装"。选中"咖啡内包装"图层，再复制出两个副本，按照图 5-55 进行调整。

图 5-55　调整图片的位置和大小

（4）使用"文字工具"，输入文字"产品介绍"，将其字体改为"微软雅黑"，字体样式改为"Bold"，字号为"30 点"。双击该文字所在图层，弹出"图层样式"对话框，选择"描边"效果，将大小设置为"3"像素，颜色设置为"咖啡色"（R＝111，G＝42，B＝1）；再选择"颜色叠加"效果，将"混合模式"设置为"正常"，颜色设置为"浅黄色"（R＝253，G＝248，B＝192），如图 5-56所示。

（a）字体、字号

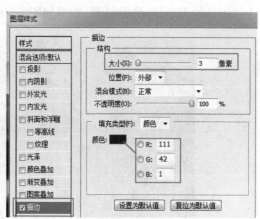

（b）"描边"参数

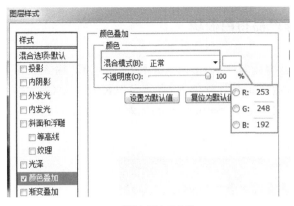

(c)"颜色叠加"参数　　　　　　　　　　　　(d)效果图

图 5-56　输入文字(1)

（5）同上操作，输入配套资源"素材\项目 5\任务 5.3\文字 1.txt"中的文字。将字体改为"微软雅黑"，字号改为"13 点"，字符样式改为"Regular"，颜色设置为"白色"（R＝255，G＝255，B＝255），如图 5-57 所示。

(a)　　　　　　　　　　　　　　　　(b)

图 5-57　输入文字(2)

说　明

（1）在制作产品介绍图时，要突出产品的细节，从"咖啡豆—咖啡粉—成品"进行细节展示，使消费者对咖啡有更深一步的了解。

（2）根据咖啡的产品包装，整个设计将棕色定为主色调，使视觉上更具有整体性。

（3）产品介绍细致入微，展现了产品的品质。

5.3.3 制作产品特色板块

(1) 创建新组"产品特色",此板块中的图层均放置于该组中。使用"文字工具"输入文字"产品特色",字体设置为"微软雅黑",字号设置为"20 点",颜色为"咖啡色"(R=111,G=42,B=1)。将字号设置为"15 点",其他参数不变,输入文字"Selling Point",利用移动工具将文字放置在合适的位置,如图 5-58 所示。

图 5-58　输入文字(1)

(2) 新建图层并命名为"虚线",将前景色设置为"咖啡色"(R=111,G=42,B=1),选择"画笔工具",调出画笔面板(如窗口中无画笔面板,可通过菜单栏中的"窗口\画笔"命令调出),选择"尖角"笔形,大小设置为"1px",间距设置为"280%"。选择"钢笔工具",在想要画的线段的首尾各单击一次,绘制一段直线路径,右击该路径,选择"描边路径"命令,将路径描成虚线,如图5-59 所示。

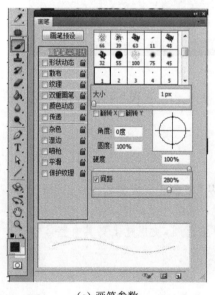

(a) 画笔参数

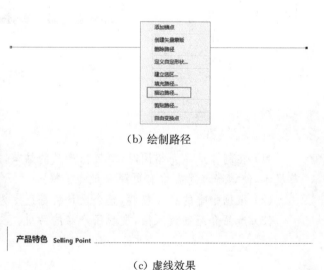

(b) 绘制路径

(c) 虚线效果

图 5-59　绘制虚线

说 明

在 Photoshop CS6 及其以上版本中,可直接使用"钢笔工具"绘制虚线,如图 5-60 所示。

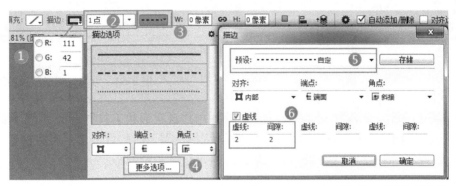

🖋 **图 5-60　利用"钢笔工具"绘制虚线**

(3) 新建图层并命名为"矩形 2",点击"矩形选框工具",将宽度设置为"790px",高度设置为"155px",绘制矩形。将颜色填充为"咖啡色"(R＝111, G＝42, B＝1),调整位置,效果如图 5-61 所示。

🖋 **图 5-61　绘制矩形**

(4) 新建图层并命名为"圆角矩形 2",点击"圆角矩形工具",点击"填充像素"按钮,将前景色改为"浅咖啡色"(R＝225, G＝203, B＝189),如图 5-62 所示绘制出一个圆角矩形。

🖋 **图 5-62　绘制圆角矩形**

(5) 双击图层"圆角矩形 2",在弹出的"图层样式"对话框中进行设置,勾选"投影"效果,将混合模式设置为"正片叠底",颜色为"黑色"(R＝0, G＝0, B＝0),角度设置为"90"度,距离设置为"2"像素,大小设置为"3"像素,如图 5-63 所示。

(a)　　　　　　　　　　　　　　　(b)

图 5-63　为圆角矩形添加"投影"效果

（6）新建图层并命名为"爱心"，选择工具箱中的"自定形状工具"，点击"填充像素"按钮，再点击自定形状旁的小三角按钮，打开"自定形状"拾色器，选择"红心形卡"，将前景色设置为"白色"（R=255，G=255，B=255），如图 5-64 所示绘制一颗爱心。

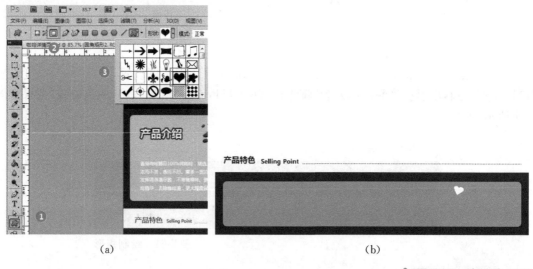

(a)　　　　　　　　　　　　　　　(b)

图 5-64　绘制爱心(1)

（7）选中图层"爱心"，复制出一个副本，按住 Ctrl 键点击图层"爱心副本"前的缩略图，填充颜色为"咖啡色"（R=111，G=42，B=1），按 Ctrl+T 键，将其适当缩小，如图 5-65(a)所示。用同样的方法再绘制出一组爱心，如图 5-65(b)所示。

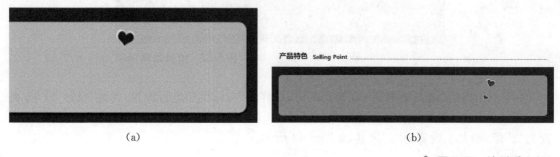

(a)　　　　　　　　　　　　　　　(b)

图 5-65　绘制爱心(2)

（8）打开配套资源"素材\项目 5\任务 5.3\人物.png"文件，将人物图移至"咖啡详细页.psd"中，将该图层命名为"人物"。选中图层"咖啡粉末"，复制出一个副本。按 Ctrl＋T 键改变这两张图片的大小和位置，效果如图 5-66 所示。

图 5-66　导入图片并调整位置

（9）选择"文字工具"，输入配套资源"素材\项目 5\任务 5.3\文字 1.txt"中的文字。其中，"雀巢咖啡醇品"这六个字的字体改为"微软雅黑"，字号为"16 点"，文字样式为"Bold"，颜色为"咖啡色"（R＝111，G＝42，B＝1）。将后面文字的字体同样设置为"微软雅黑"，字号为"12 点"，文字样式为"Regular"，行距改为"24 点"，颜色为"白色"（R＝255，G＝255，B＝255），利用移动工具将文字放置在如图 5-67 所示的位置。

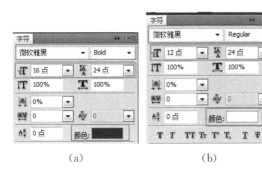

（a）　　　　　　　　　（b）　　　　　　　　　　　（c）

图 5-67　输入文字（2）

 说　明

（1）制作产品特色图要突出产品的与众不同，将产品的重点用文字介绍来体现，增强消费者对产品的好感度。

（2）"产品特色"板块采用了引导线来引出内容，使本板块和上一板块的内容有所区分，但依然保持了整体色调不变。

（3）PS 快捷键：取消上一步的操作为【Ctrl＋Z】键；取消多步操作为【Ctrl＋Alt＋Z】键；取消选择为【Ctrl＋D】键。

5.3.4 制作主要成分板块

（1）创建新组"主要成分"，此板块中的图层均放置于该板块中。用制作"产品特色"板块相同的方法制作"主要成分"板块的引导线和背景，效果如图 5-68 所示。

图 5-68　绘制引导线和背景

（2）新建图层并命名为"椭圆"，选择工具箱中的"椭圆工具"，点击"形状图层"按钮，绘制一个椭圆，如图 7-69 所示。

图 5-69　绘制椭圆

（3）打开配套资源"素材\项目 5\任务 5.3\咖啡豆 2.png"文件，将图片拖入"咖啡详细页.psd"中，并把该图层命名为"咖啡豆 2"。调整该图片的大小和位置，将它置于椭圆的上方，如图 5-70 所示。

图 5-70　导入图片并置于椭圆上方

（4）在图层面板中，按住 Alt 键，将鼠标移动至"咖啡豆2"和"椭圆"两个图层之间，当出现 ![符号] 这个符号时单击鼠标左键，如图 5-71(a)所示。此时，方形咖啡豆的图片变成了椭圆形，如图 5-71(b)所示。

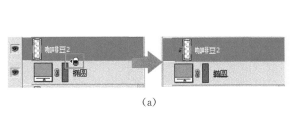

(a)　　　　　　　　　　　　　　　　(b)

图5-71　制作椭圆图片效果

（5）双击"椭圆"图层，在弹出的"图层样式"对话框中，选择"描边"效果，将大小设置为"2"像素，颜色改为"浅黄色"（R＝255，G＝255，B＝216），如图 5-72 所示。

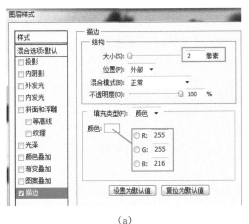

(a)　　　　　　　　　　　　　　　　(b)

图5-72　添加"描边"效果

（6）利用"文字工具"，输入配套资源"素材\项目5\任务5.3\文字2.txt"中的文字，将字体设置为"微软雅黑"，字号设置为"12点"，颜色设置为"白色"（R＝255，G＝255，B＝255），将文字移动至合适的位置，如图 5-73 所示。

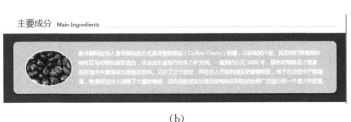

(a)　　　　　　　　　　　　　　　　(b)

图5-73　输入文字

说 明

（1）此板块主要展示了商品的主要成分——咖啡豆,用文字介绍了咖啡豆,增强了消费者对产品原料的了解,使消费者买得放心。

（2）"主要成分"板块同样采用了引导线引出内容,和上一板块相呼应。

（3）PS技巧:按住 Alt 键,在两个图层中间单击可把上层做为下一层的剪切层。

5.3.5 制作产品展示板块

（1）创建新组"产品展示",此板块中的图层均放置于该组中。参照之前的操作方法制作产品展示板块的引导线部分,如图 5-74 所示。

图 5-74 绘制引导线

（2）新建图层并命名为"渐变矩形",点击"矩形选框工具",将前景色设置为"咖啡色"（R=111,G=42,B=1）,宽度设置为"790px",高度设置为"212px",如图 5-75 所示绘制矩形。

图 5-75 绘制渐变矩形(1)

（3）双击"渐变矩形"图层,在弹出的"图层样式"对话框中进行设置,选择"渐变叠加"效果,混合模式设置为"正常"。双击渐变色块,在弹出的"渐变拾色器"对话框中,点击最左边的色块,将颜色设置为"深咖啡色"（R=35,G=5,B=3）,点击最右边的色块,将颜色设置为"咖啡色"（R=82,G=12,B=4）,按"确定"按钮,如图 5-76 所示。

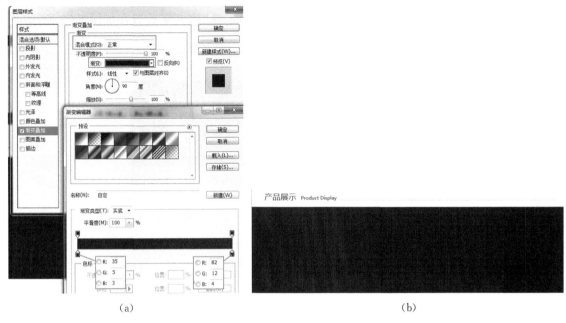

图 5-76　绘制渐变矩形(2)

（4）打开配套资源"素材\项目 5\任务 5.3"中的"文字.png"、"实物.png"图片,并利用"移动工具"将素材图片拖入"咖啡详细页.psd"中,如图 5-77 所示。

图 5-77　导入素材图片

（5）新建图层并命名为"直线",点击"直线工具",将前景色设置为"白色"（R＝255，G＝255，B＝255）,粗线为"1px",按住 Shift 键,在合适的位置绘制一条直线,长度和位置如图 5-78 所示。

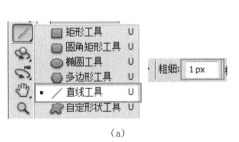

（a）

（b）

图 5-78　绘制直线

（6）选择"文字工具"，输入文字"香醇馥郁，随心调"，字体为"微软雅黑"，字号为"20 点"，颜色为"白色"（R＝255，G＝255，B＝255），利用"移动工具"将文字放置在如图 5-79 所示的位置。

图 5-79　输入文字(1)

（7）选择"文字工具"，输入文字"香醇原味，浓淡适中　方便携带，轻松享受"，字体为"微软雅黑"，字号为"12 点"，颜色为"白色"（R＝255，G＝255，B＝255），利用"移动工具"将文字放置在如图 5-80 所示的位置。

图 5-80　输入文字(2)

（8）新建图层并命名为"渐变矩形 2"，点击"矩形选框工具"，宽度设置为"790px"，高度设置为"794px"，如图 5-81 所示绘制矩形。

图 5-81　绘制渐变矩形(3)

（9）双击图层"渐变矩形2"，在弹出的"图层样式"对话框中进行设置，勾选"渐变叠加"效果，将混合模式设置为"正常"，双击渐变色块，在弹出的"渐变拾色器"对话框中，点击最左边的色块，将颜色设置为"深咖啡色"（R＝35，G＝5，B＝3），点击最右边的色块，将颜色设置为"咖啡色"（R＝82，G＝12，B＝4），如图5-82所示。

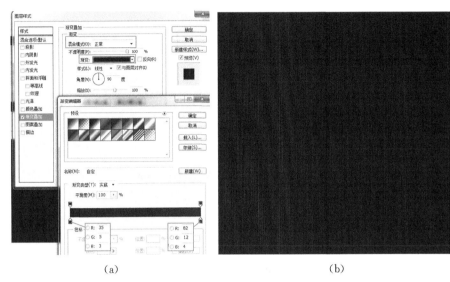

(a)　　　　　　　　　　　　　　　　(b)

图 5-82　绘制渐变矩形(4)

（10）打开配套资源"素材\项目5\任务5.3\全商品展示.png"文件，利用"移动工具"将素材图片拖入"咖啡详细页.psd"中，位置如图5-83所示。

图 5-83　导入图片并调整位置

说 明

（1）产品展示板块主要是展示本公司的同类产品及其所有的子产品，增加了消费者对该品牌其他产品的了解，扩大了消费者的选择面。

（2）图片背景底色采用渐变色，显得高雅、立体。

（3）PS快捷键：循环选择混合模式为【Shift】+【一】或【＋】键；正常模式为【Shift＋Alt＋N】键；叠加模式为【Shift＋Alt＋O】键。

5.3.6 制作食用说明板块

（1）创建新组"食用说明"，此板块中的图层均放置于该组中。使用相同的方法制作食用说明板块的引导线部分，如图5-84所示。

图 5-84 绘制引导线

（2）新建图层并命名为"矩形4"，点击"矩形选框工具"，将宽度设置为"790px"，高度设置为"561px"，如图5-85所示绘制一个矩形选框并填充颜色为"咖啡色"（R＝111，G＝42，B＝1）。

图 5-85 绘制矩形

图 5-86 导入素材图片

（3）打开配套资源"素材\项目5\任务5.3\食用说明.jpg"文件，并将其拖入"咖啡详细页.psd"中，如图5-86所示。将该图层命名为"食用说明"。

（4）双击图层"食用说明"，在弹出的"图层样式"对话框中进行设置，勾选"投影"效果，将混合模式设置为"正片叠底"，颜色设置为"黑色"（R＝0，G＝0，B＝0），距离设置为"2"像素，按"确定"按钮，如图5-87所示。

（a）　　　　　　　　　　　　　（b）

图5-87　添加"投影"效果

（5）新建图层并命名为"爱心2"，使用"自定义形状工具"，点击"填充像素"按钮，形状选择"红心形卡"，将前景色设置为"咖啡色"（R＝145，G＝60，B＝10），绘制爱心并利用"自由变换工具"将"爱心"略倾斜一些，如图5-88所示。

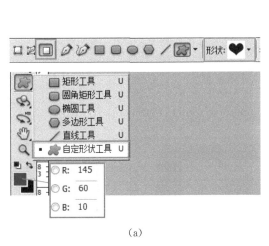

（a）　　　　　　　　　　　　　（b）

图5-88　绘制爱心（1）

（6）新建图层并命名为"爱心3"，同上一步操作，绘制另外一颗爱心，如图5-89所示。

（7）利用"文字工具"，输入配套资源"素材\项目5\任务5.3\文字3.txt"中的文字，字体为"微软雅黑"，字号为"12点"，颜色为"白色"（R＝255，G＝255，B＝255），利用"移动工具"将文字放置在合适的位置，如图5-90所示。

图 5-89　绘制爱心(2)　　　　　　　　　　图 5-90　输入文字

（8）双击刚才新建的"文字图层"，在弹出的"图层样式"对话框中进行设置，勾选"描边"效果，大小为"2"像素，混合模式为"正常"，颜色为"咖啡色"（R＝111，G＝42，B＝1），勾选"投影"效果，混合模式为"正片叠底"，颜色为"黑色"（R＝0，G＝0，B＝0），不透明度为"75％"，距离为"2"像素，大小为"1"像素，如图 5-91 所示。

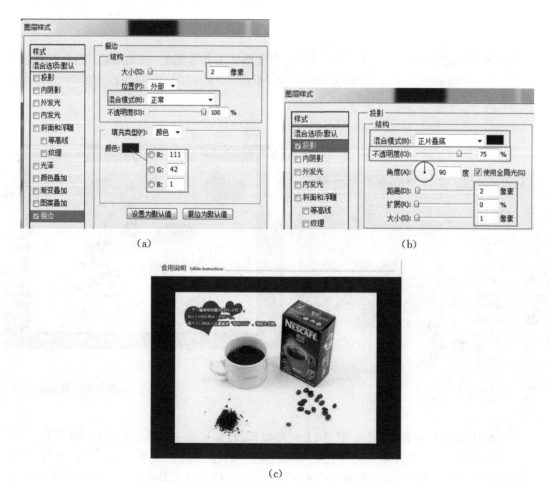

图 5-91　为文字添加效果

说　明

（1）食用说明板块主要是告知消费者如何食用产品，所以图中应展现消费者食用时的情境，使之更有生活感。

（2）板块样式与前统一，使整体协调一致。

（3）PS 快捷键：正片叠底为【Shift＋Alt＋M】键。

 实战训练

根据所提供的苹果详细页样张和素材包，完成苹果详细页的制作。样张请见本书最前的"作品赏析"页面或配套资源中的"素材\实战训练\项目 5\任务 5.3\样张.jpg"文件。

任务 5.4 美容护肤类商品的详细页制作

任务目标

（1）学会使用"矩形工具"制作信息框。

（2）学会使用"直线工具"制作标题虚线。

（3）学会使用"文字工具"组合编辑文字。

任务描述

为了让培训人员有团队合作的精神，主管在这次详细页制作任务中，请两组的组长负责这次润唇膏的详细页制作任务，希望两个组在一起合作，共同成长。在这个案例中，我们要将润唇膏原始图、部分成品图以及给定的介绍文字，进行适当地组合排版，最终制作出如图 5-92 所示的详细页效果。

当我们细看这张润唇膏详细页的效果图时，可以发现它的整体是纯紫色色调，通过分割线布局，用标签划分出三个部分，分别是产品信息、产品展示和品牌故事。

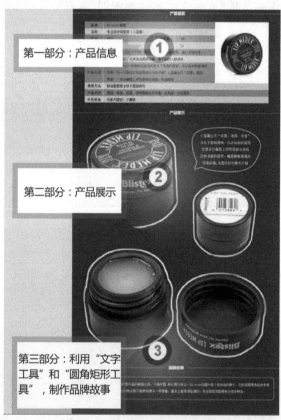

第一部分：产品信息

第二部分：产品展示

第三部分：利用"文字工具"和"圆角矩形工具"，制作品牌故事

▲ **图 5-92 润唇膏商品的详细页**

5.4.1　制作产品信息板块

（1）执行"文件/新建"命令，将文件名改为"润唇膏详细页"，将宽度设置为"790"像素，高度设置为"1503"像素，分辨率设置为"72"像素/英寸，颜色模式为"RGB 颜色"，背景内容为"白色"，点击"确定"按钮。

（2）点击图层面板中的"创建新组"按钮并将该组命名为"产品信息"，此板块的图层均放置于该组中。新建图层并命名为"矩形"，点击"矩形选框工具"，设置宽度为"790px"，高度为"1503px"，如图 5-93 所示绘制矩形选框并填充颜色为"紫色"（R＝100，G＝59，B＝137）。

图 5-93　绘制矩形

（3）打开画笔面板（可从"窗口"菜单中打开），将间距改为"280％"，大小改为"1px"。将前景色改为"白色"。点击"钢笔工具"，如图 5-94（a）绘制一条路径，右击该路径，选择"描边路径"，在弹出的"描边路径"对话框中选择"画笔"，按"确定"按钮，如图 5-94（b）所示。选中"虚线"图层，复制出一个副本，移动至合适的位置，如图 5-94（c）所示。

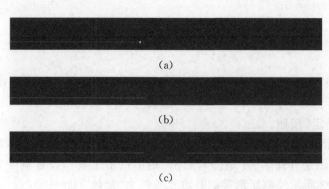

(a)

(b)

(c)

图 5-94 绘制虚线

z

说 明

在 Photoshop CS6 及其以上版本中，可使用"直线工具"绘制该虚线，参数如图 5-95 所示。

图 5-95 利用"直线工具"绘制虚线

（4）点击"文字工具"，将字体设置为"方正魏碑体"，字号为"18 点"，颜色为"白色"（R＝255，G＝255，B＝255），输入文字"产品信息"并调整位置，效果如图 5-96 所示。

图 5-96 输入文字

（5）新建图层并命名为"表格 1"，点击"矩形选框工具"，将宽度设置为"516px"，高度设置为"25px"，如图 5-97 所示绘制矩形并填充颜色为"淡紫色"（R＝175，G＝153，B＝196）。

图 5-97 绘制表格矩形(1)

（6）选中图层"表格 1"，再复制出 2 个副本并调整位置，效果如图 5-98 所示。

图 5-98 绘制表格矩形(2)

（7）新建图层并命名为"表格2"，选择"矩形选框工具"，将宽度设置为"516px"，高度设置为"75px"，如图5-99所示绘制一个矩形选区并将其颜色填充为"淡紫色"（R＝175，G＝153，B＝196）。

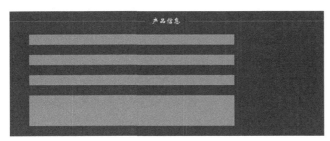

图5-99　绘制表格矩形(3)

（8）新建图层并命名为"表格3"，同上操作绘制一个宽度为"700px"，高度为"25px"的矩形，如图5-100所示。

图5-100　绘制表格矩形(4)

（9）新建图层并命名为"表格4"，在该图层上用与之前相同的方法绘制矩形，宽度为"516px"，高度为"25px"，颜色为"R＝220，G＝209，B＝231"。选中该图层，再复制出2个副本。新建图层并命名为"表格5"，在该图层上再绘制出一个宽度为"700px"，高度为"25px"，颜色为"R＝220，G＝209，B＝231"的矩形，选中该图层，复制出1个副本。最后调整这些矩形的位置，如图5-101所示。

图5-101　绘制表格矩形(5)

（10）选择"直线工具"，点击"填充像素"按钮，设置粗细为"1px"，将前景色设置为"R＝250，G＝247，B＝254"，直接在上面画的矩形框上绘制3条直线，如图5-102所示。

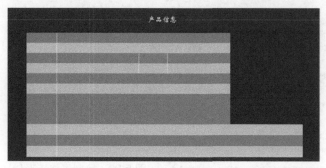

图 5-102 绘制表格直线

（11）点击"文字工具"，将字体设置为"宋体"，字号设置为"13点"，行距为"25点"，颜色为"紫色"（R＝70，G＝27，B＝110），输入文字"品牌"、"名称"、"质地"、"产地"、"生产日期"、"适合人群"、"产品介绍"、"使用方法"、"产品功效"、"外包装盒"，每输入一行文字按一下"回车"键。输入完毕后按"居中对齐文本"按钮，将文字移至合适的位置，如图5-103所示。

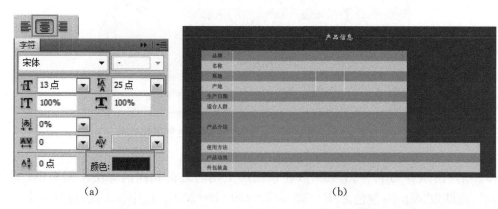

（a）　　　　　　　　　　　　　　　　　　（b）

图 5-103 输入表格文字(1)

（12）按照上面相同的参数输入文字"保质期"、"规格"，如图5-104所示。

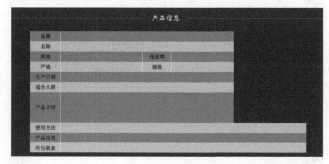

图 5-104 输入表格文字(2)

（13）选择"文字工具"，将字号设置为"12 点"，点击"左对齐文本"按钮，其他参数不变，输入配套资源"素材\项目 5\任务 5.4\文字 1.txt"中的文字，调整位置，效果如图 5-105 所示。

(a)

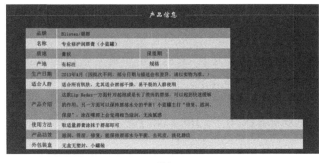

(b)

图 5-105　输入表格文字(3)

（14）同上参数，输入文字，"3 年"、"7g"，并调整位置，如图 5-106 所示。

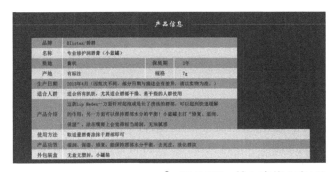

图 5-106　输入表格文字(4)

（15）执行"文件/打开"命令，打开配套资源"素材\项目 5\任务 5.4\产品信息.jpg"文件，将其拖入"润唇膏详细页.psd"中，图层名改为"产品信息"，合理调整大小和位置，效果如图 5-107 所示。

图 5-107　导入表格素材图片

说 明

（1）产品信息板块主要是告知消费者本款产品的一系列详细信息，使消费者对商品有一个全面的了解。

（2）根据产品的外形和包装选用纯紫色作为详细页的主色调，显得协调、自然。

（3）"产品信息表"采用紫色和淡紫色相间的方式呈现，不易使消费者产生视觉疲劳，有助于消费者了解产品信息。

（4）PS快捷键：拷贝选取的图像或路径为【Ctrl＋C】键；将剪贴板的内容粘贴到当前图形中为【Ctrl＋V】键或【F4】键。

5.4.2 制作产品展示板块

（1）创建新组"产品展示"，此板块中的图层均放置于该组中。使用相同的方法，制作"产品展示"板块的虚线分割线，如图5-108所示。

图 5-108　绘制虚线分割线

（2）执行"文件/打开"命令，打开配套资源"素材\项目5\任务5.4\产品展示1.jpg"文件（项目4任务4.4中的成品图1），并将其拖入"润唇膏详细页.psd"中，图层名改为"产品展示1"，调整位置和大小，如图5-109所示。

图 5-109　导入素材图片(1)

（3）同上操作，打开配套资源"素材\项目5\任务5.4"中的"产品展示2.jpg"（项目4任务4.4中的成品图2）、"产品展示3.jpg"和"产品展示4.jpg"，将图片拖入"润唇膏详细页.psd"中并更改图层名，调整其位置和大小，效果如图5-110所示。

图5-110　导入素材图片(2)

图5-111　输入文字

（4）点击"文字工具"，设置字体为"宋体"，字号为"13点"，颜色为"白色"（R＝255，G＝255，B＝255），输入配套资源"素材\项目5\任务5.4\文字2.txt"中的文字，调整其位置，效果如图5-111所示。

说　明

（1）产品展示板块向消费者由表及里、由内而外地展示了产品，使消费者对商品有更加深入的了解。

（2）采用分割线布局，清晰明了又具有整体感，使消费者能由浅入深地了解商品。

（3）由于本产品的定位是女性用品，所以使用白色描边和空气泡泡来凸显可爱活泼的风格，更受女生的青睐。

5.4.3　制作品牌故事板块

（1）创建新组"品牌故事"，此板块中的图层均放置于该组中。使用相同的方法制作"品牌故事"板块的虚线分割线，如图5-112所示。

图5-112　绘制虚线分割线

（2）新建图层并命名为"圆角矩形"，选择"圆角矩形工具"，点击"路径"按钮，如图5-113(a)绘制圆角矩形路径，按 Ctrl＋Enter 键，建立圆角矩形选区。执行"编辑/描边"命令，在弹出的描边对话框中将描边颜色设置为"白色"(R＝255，G＝255，B＝255)，宽度设置为"1px"，效果如图5-113(b)所示。

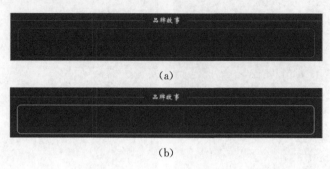

图 5-113　绘制圆角矩形

（3）选择"文字工具"，设置字体为"宋体"，字号为"12 点"，颜色为"白色"(R＝255，G＝255，B＝255)，输入配套资源"素材\项目 5\任务 5.4\文字 3. txt"中的文字，调整文字的位置，效果如图 5-114 所示。

图 5-114　输入文字

说　明

（1）品牌故事板块能走进消费者的内心，对于产品的营销效果起着正面、积极的作用。它能影响消费者的思维，并让消费者在心中认可品牌的价值观和文化观。消费者一旦产生共鸣，便会对品牌产生信任感，并且不容易改变。

（2）采用文字介绍的方式讲述品牌故事，言简意赅，能凸显品牌的品质。

实战训练

根据所提供的洗面奶详细页样张和素材包，完成洗面奶详细页的制作。样张请见本书最前的"作品赏析"页面或配套资源中的"素材\实战训练\项目 5\任务 5.4\样张.jpg"文件。

任务5.5 服装配饰类商品的详细页制作

任务目标

（1）学会使用"不透明度"功能，对文字背景进行虚化调整。

（2）学会使用"椭圆工具"制作创意文字框。

（3）学会使用"文字工具"组合编辑文字。

任务描述

主管对于上个任务的完成情况相当满意，为了提高两组的竞争力，这次决定让每组各自独立制作完成一份袜子详细页，选择其中较好的一个作为最终成品。在这个案例中，我们要将袜子原始图、部分成品图以及给定的介绍文字，进行适当地组合排版，最终制作出如图5-115所示的详细页效果图片。

当我们细看这张袜子详细页的效果图时，可以发现它整体采用的是棕红色色调，功能块状布局，以色块来分割，用标签划分出四个板块，分别是产品信息、产品展示、产品细节和品牌故事。

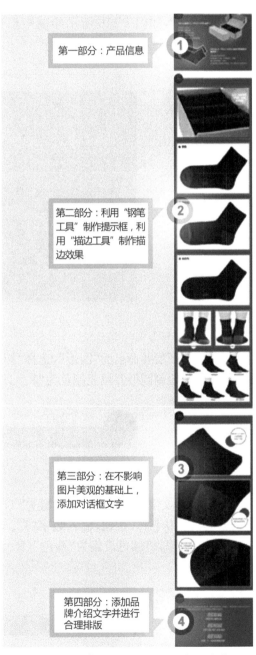

图5-115 袜子商品的详细页

5.5.1 制作产品信息板块

（1）执行"文件/新建"命令，将文件名称改为"袜子详细页"，将宽度设置为"790"像素，高度设置为"6197"像素，分辨率设置为"72"像素/英寸，颜色模式为"RGB 颜色"，背景内容为"白色"，点击"确定"按钮。

（2）点击图层面板中的"创建新组"按钮并将该组命名为"产品信息"，此板块的图层均放置于该组中。新建图层并命名为"矩形"，选择"矩形选框工具"，将宽度设置为"790px"，高度设置为"546px"，如图 5-116 所示绘制矩形选框并填充颜色为"暗红色"（R＝168，G＝30，B＝30）。

图 5-116　绘制矩形

（3）新建图层并命名为"圆形"，选择"椭圆选框工具"，将宽度和高度均设置为"91px"，如图 5-117 所示绘制圆形并填充颜色为"R＝19，G＝26，B＝48"。

图 5-117　绘制圆形

（4）选择"文字工具"，将字体设置为"Times New Roman"，字体样式为"Regular"，字号为"45 点"，点击"仿斜体"按钮，输入数字"1"。双击该图层，在弹出的"图层样式"对话框中选择"颜色叠加"效果，将颜色设置为"蓝色"（R＝34，G＝55，B＝124），调整位置，效果如图 5-118 所示。

图 5-118　输入文字(1)

（5）选择"文字工具"，将字体设置为"微软雅黑"，字体样式为"Bold"，字号为"17 点"，设置消除锯齿的方法为"犀利"，颜色为"红色"（R＝227，G＝11，B＝50），输入文字"产品信息"并调整位置，效果如图 5-119 所示。

图 5-119　输入文字（2）

（6）选择"文字工具"，将字体设置为"Arial"，字号设置为"12 点"，字体样式为"Bold"，颜色为"红色"（R＝227，G＝11，B＝50），输入文字"Information"并调整位置，效果如图 5-120 所示。

图 5-120　输入文字（3）

（7）执行"文件/打开"命令，打开配套资源"素材\项目 5\任务 5.5"文件夹中的"产品信息1.jpg"（项目 4 任务 4.5 中的成品图）、"产品信息 2.jpg"文件，将其拖入"袜子详细页.psd"中，更改图层名，调整图片的大小和位置，如图 5-121 所示。

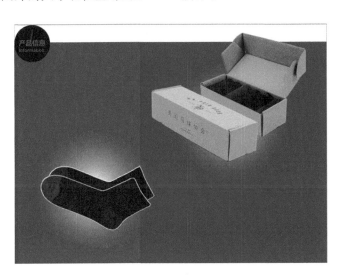

图 5-121　导入素材图片

（8）选择"文字工具"，将字体设置为"微软雅黑"，字体样式为"Bold"，字号为"20 点"，颜色为"白色"（R＝255，G＝255，B＝255），行间距为"24 点"，输入文字"为什么选择 U. S. POLO ASSN. 袜子?"和"为什么 U. S. POLO ASSN. 的袜子既柔软又有弹性?"调整位置，效果如图 5-122 所示。

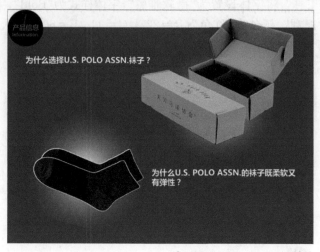

图 5-122　输入文字(4)

（9）选择"文字工具"，其他参数不变，将字体样式改为"Regular"，字号改为"12 点"，分别输入配套资源"素材\项目 5\任务 5.5"文件夹中的"文字 1. txt"和"文字 2. txt"中的文字，并合理调整位置，效果如图 5-123 所示。

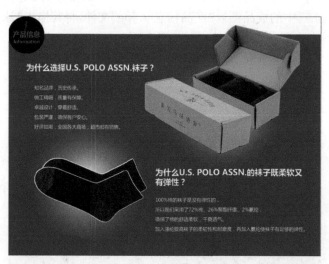

图 5-123　输入文字(5)

 说　明

（1）根据产品的外形和包装选用红色色调，与深色的袜子产生鲜明的对比，更具视觉冲击力。将深色的袜子进行描边处理，可凸显商品的外形。

（2）采用问答的文稿形式介绍产品信息，更生动、新颖且具有吸引力。

（3）PS 快捷键：反向选择为【Ctrl＋Shift＋I】键。

5.5.2　制作产品展示板块

（1）创建新组"产品展示"并将此板块中的图层均放置于该组中。新建图层并命名为"矩形 2"，点击"矩形选框工具"，将宽度设置为"790px"，高度设置为"3204px"，如图 5-124 所示绘制矩形并填充颜色为"暗红色"（R＝168，G＝30，B＝30）。

（2）使用相同的方法制作"产品展示"板块的圆形导航部分，如图 5-125 所示。

图 5-125　绘制圆形导航部分

（3）执行"文件/打开"命令，打开配套资源"素材\项目 5\任务 5.5"中的"产品展示 1.png"、"产品展示 2.png"、"产品展示 3.png"和"产品展示 4.png"，将其全部拖入"袜子详细页.psd"中，并更改图层名，调整位置和大小，如图 5-126 所示。

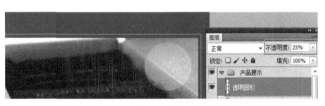

（4）新建图层并命名为"透明圆形"，点击"椭圆选框工具"，将宽度和高度均设置为"161px"，如图 5-127 所示绘制圆形并填充颜色为"白色"（R＝255，G＝255，B＝255），将该图层的不透明度调整为"25％"。

（5）选择"文字工具"，将字体设置为"微软雅黑"，字体样式为"Bold"，字号为"20 点"，颜色为"白色"（R＝255，G＝255，B＝255），行距为"30 点"，点击"居中对齐文本"按钮，输入文字"让不一样的细节打造不一样的运动感受"，调整文字位置，效果如图 5-128 所示。

图 5-124　绘制背景矩形

图 5-127　绘制透明圆形

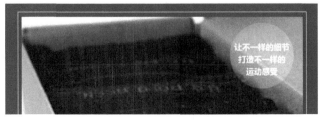

图 5-126　导入图片（1）

图 5-128　输入文字（1）

（6）新建图层并命名为"黑圆"，选择"椭圆选框工具"，将宽度和高度均设置为"19px"，如图 5-129（a）所示绘制圆形选框并将其填充为"黑色"（R＝0，G＝0，B＝0）。选中该图层，复制 2 个副本，如图 5-129（b）所示调整位置。

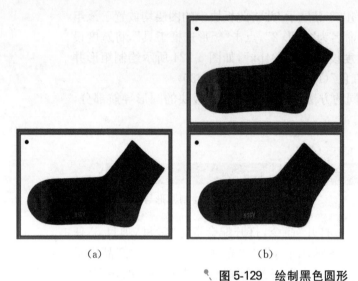

（a）　　　　　　　　（b）

图 5-129　绘制黑色圆形

（7）点击"文字工具"，将字体设置为"微软雅黑"，字体样式为"Bold"，字号为"25 点"，字体颜色为"黑色"（R＝0，G＝0，B＝0），分别输入文字"黑色"、"烟灰色"、"咖啡色"，如图 5-130 所示。

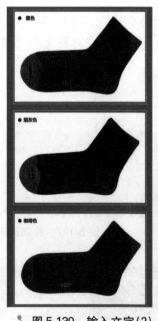

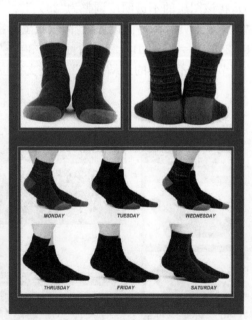

图 5-130　输入文字（2）　　　　　图 5-131　导入图片（2）

（8）执行"文件/打开"命令，打开配套资源"素材\项目 5\任务 5.5"中的"产品展示 5.png"、"产品展示 6.png"和"产品展示 7.png"，将其全部拖入"袜子详细页.psd"中，更改图层名，调整图片的大小和位置，如图 5-131 所示。

（9）新建图层并命名为"白圆"，点击"椭圆选框工具"，将宽度和高度均设置为"50px"，如图 5-132(a)所示绘制一个圆形选框并将其填充为"白色"（R＝255，G＝255，B＝255）。选中该图层，再复制一个副本，调整位置，如图 5-132(b)所示。

　　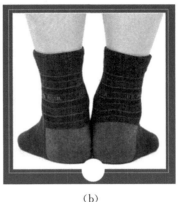

(a)　　　　　　　　　　　　(b)

🖋 **图 5-132　绘制白色圆形**

（10）点击"文字工具"，将字体设置为"微软雅黑"，字体样式为"Bold"，字号为"13 点"，颜色为"红色"（R＝227，G＝11，B＝50），分别输入文字"FRONT"、"BACK"，并调整文字位置，效果如图 5-133 所示。

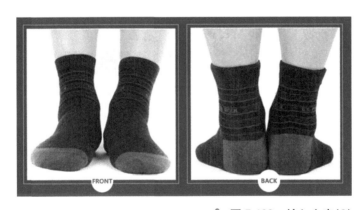

🖋 **图 5-133　输入文字(3)**

 说　明

（1）在本板块中，通过产品的平面图、立体图和穿着图，多方面地展示了本产品，使消费者对产品的颜色、质量和样式有更清楚的了解。

（2）由于本产品是一款男士袜子，所以使用红底白框组图展示产品，显得庄重、大气。

5.5.3 制作产品细节板块

（1）创建新组"产品细节"并将此板块中的图层均放置于该组中。新建图层并命名为"矩形"，点击"矩形选框工具"，将宽度设置为"790px"，高度设置为"1695px"，如图 5-134 所示绘制一个矩形选框并填充颜色为"深红色"（R=168，G=30，B=30）。

图 5-134 绘制背景矩形

（2）使用相同的方法制作"产品细节"板块的圆形导航部分，如图 5-135 所示。

图 5-135 绘制圆形导航部分

（3）执行"文件/打开"命令，打开配套资源"素材\项目 5\任务 5.5"中的"产品细节 1. png"、"产品细节 2. png"和"产品细节 3. png"文件，将其全部拖入"袜子详细页. psd"中并更改图层名，调整图片的位置和大小，如图 5-136 所示。

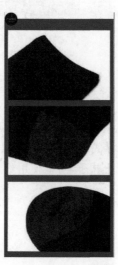

图 5-136 导入图片

（4）选中图层"产品细节1"，双击该图层，在弹出的"图层样式"对话框中，选择"描边"效果，颜色设置为"白色"（R=255，G=255，B=255），大小设置为"5"像素，如图5-137所示。

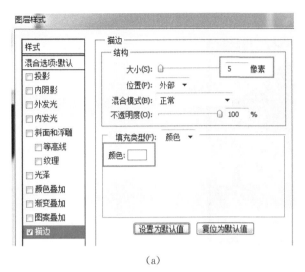

（a）　　　　　　　　　　　　　　　　　　　　（b）

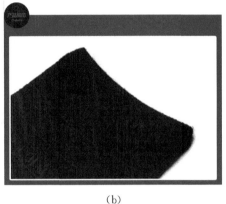

图5-137　添加"描边"效果

（5）右击图层"产品细节1"，选择"拷贝图层样式"命令，再选中图层"产品细节2"和"产品细节3"，右击选择"粘贴图层样式"命令，效果如图5-138所示。

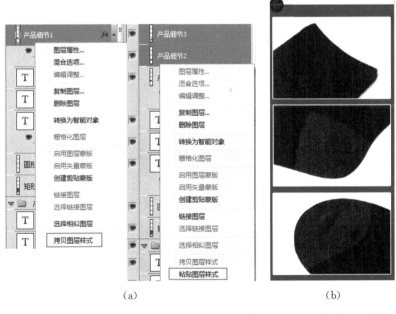

（a）　　　　　　　　　　　　　　　　　　　（b）

图5-138　粘贴图层样式

（6）新建三个图层分别命名为"红圆1"、"红圆2"和"红圆3"，利用"椭圆工具"在这三个图层上各绘制一个圆，颜色均填充为"深红色"（R＝168，G＝30，B＝30），圆形的尺寸分别为：第一个圆的宽高均为"106px"，第二个圆的宽高均为"98px"，第三个圆的宽高均为"80px"，从上到下分别放于每张细节图中，排列效果如图5-139所示。

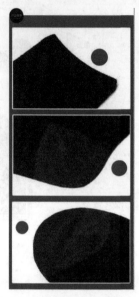

图 5-139　绘制圆形(1)

（7）新建图层并命名为"红白圆"，点击"椭圆选框工具"，将宽度和高度均设置为"125px"，在第一张细节图上绘制一个圆形选框并填充为"白色"（R＝255，G＝255，B＝255）。执行"编辑/描边"命令，将宽度设置为"3px"，颜色设置为"深红色"（R＝168，G＝30，B＝30）。选中该图层，再复制出2个副本，如图5-140所示调整位置。

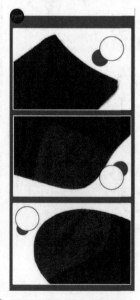

图 5-140　绘制圆形(2)

（8）点击"文字工具"，将字体设置为"微软雅黑"，字体样式为"Regular"，字号为"16 点"，颜色为"深红色"（R＝168，G＝30，B＝30），点击"居中对齐文本"按钮，分别输入文字："弹性罗口工艺设计　无紧绷束腿　防袜子下滑"；"袜跟使用加固工艺　陪伴你时间更长"；"通过对袜尖部分　加入特殊耐磨纤维　使袜子经久耐穿　防顶破"，从上到下放入每张图片中，合理调整文字的位置，效果如图 5-141 所示。

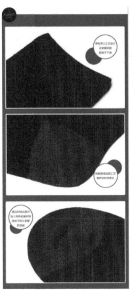

图 5-141　输入文字

说 明

（1）产品细节图要突出商品的细节，所以本板块通过展示袜身图，包括：罗口图、袜跟图、袜尖图，使消费者对商品的细节和品质有更深一步的了解，增加消费者的购买欲。

（2）组图的白色描边呼应整个商品的主色调和排版的主色调，有整体感和艺术感。

（3）图片旁边的说明文字使消费者阅读起来一目了然，便于消费者理解。

5.5.4　制作品牌介绍板块

（1）创建新组"品牌介绍"并将此板块中的图层均放置于该组中。新建图层并命名为"矩形 4"，点击"矩形选框工具"，将宽度设置为"790px"，高度设置为"480px"，如图 5-142 所示绘制一个矩形选框并填充颜色为"深红色"（R＝168，G＝30，B＝30）。

图 5-142　绘制背景矩形

（2）使用相同的方法制作"品牌介绍"板块的圆形导航条部分，如图 5-143 所示。

图 5-143　绘制圆形导航部分

图 5-144　输入文字（1）

（3）点击"文字工具"，将字体设置为"宋体"，字号为"12 点"，字体样式为"Regular"，颜色为"白色"（R=255，G=255，B=255），输入配套资源"素材\项目 5\任务 5.5\文字 3.txt"中的文字，调整文字的位置，效果如图5-144 所示。

（4）选择"文字工具"，设置字体为"微软雅黑"，字体样式为"Regular"，字号为"20 点"，颜色为"白色"（R=255，G=255，B=255），分别输入文字："舒适休闲　健康运动"；"正统　经典　亲和　自信　运动"；"创造一个'经典的美国风格'"，调整文字位置，效果如图 5-145 所示。

图 5-145　输入文字（2）

图 5-146　输入文字（3）

（5）选择"文字工具"，将字体设置为"微软雅黑"，字体样式为"Bold"，字号为"37 点"，颜色为"白色"（R=255，G=255，B=255），分别输入文字"品牌理念"、"品牌特质"、"品牌愿景"，调整文字位置，效果如图 5-146 所示。

（6）双击"品牌理念"文字图层,在弹出的"图层样式"对话框中,选择"描边"效果,大小为"3"像素,颜色为"白色"（R＝255，G＝255，B＝255）。再选择"颜色叠加"效果,颜色设置为"红色"（R＝227，G＝11，B＝50）。最后选择"投影"效果,颜色设置为"黑色"（R＝0，G＝0，B＝0）,按"确定"按钮。将该文字图层的样式粘贴到另外两个图层上,最终效果如图 5-147 所示。

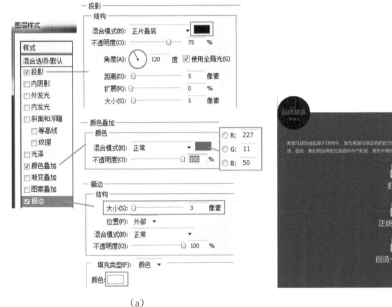

（a）

（b）

图 5-147　添加文字样式

说　明

（1）通过广告词的形式来介绍品牌故事,可以突出品牌理念,凸显品质。

（2）为重点文字添加效果,将其突出,这样更容易抓住消费者的眼球。

 实战训练

根据所提供的 T 恤详细页样张和素材包,完成 T 恤详细页的制作。样张请见本书最前的"作品赏析"页面或配套资源中的"素材\实战训练\项目 5\任务 5.5\样张.jpg"文件。

任务5.6 家居日用品类商品的详细页制作

💡 **任务目标**

（1）学会用"画笔工具"做出笔刷效果。

（2）用"钢笔工具"制作衣架的标尺。

（3）用"文字工具"组合编辑文字。

（4）用"描边工具"制作衣架整体描边效果。

💬 **任务描述**

两组组员通过激烈的竞争，在制作过程中积累了很多经验，这让主管非常欣慰。这次主管决定让两组合作完成从前期准备到最终呈现成果的整个详细页的制作流程。本任务是要将衣架原始图、部分成品图以及给定的介绍文字，进行适当地组合排版，最终制作出如图5-148所示的详细页效果图片。

当我们细看这张衣架详细页的效果图时，可以发现页面的整体是以商品的不同颜色来展示的，用标签划分出四个部分，分别是产品信息、尺寸参考、商品颜色和产品细节。

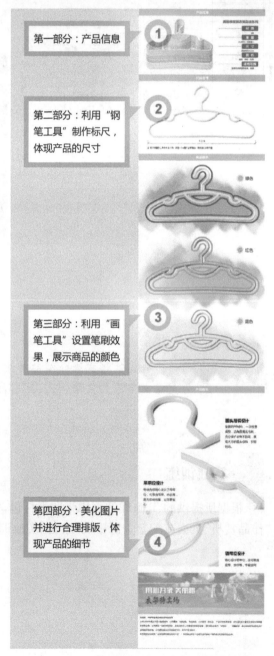

🖊 **图5-148 衣架商品的详细页**

5.6.1　制作产品信息板块

（1）执行"文件/新建"命令，将文件名改为"衣架详细页"，将宽度设置为"790"像素，高度设置为"3874"像素，分辨率为"72"像素/英寸，颜色模式为"RGB 颜色"，背景内容为"白色"，点击"确定"按钮。

（2）创建新组"产品信息"并将此板块中的图层均放置于该组中。新建图层并命名为"矩形"，点击"矩形选框工具"，将宽度设置为"790px"，高度设置为"40px"，如图 5-149 所示绘制矩形选框并填充颜色为"蓝色"（R＝96，G＝216，B＝255）。

图 5-149　绘制矩形

（3）点击"文字工具"，将字体设置为"微软雅黑"，字体样式为"Bold"，字号为"20 点"，消除锯齿的方式为"犀利"，颜色为"白色"（R＝255，G＝255，B＝255），输入文字"产品信息"，调整文字位置，如图 5-150 所示。

产品信息

图 5-150　输入文字（1）

（4）执行"文件/打开"命令，打开配套资源"素材\项目 5\任务 5.6\产品信息.jpg"文件（项目 4 任务 4.6 中的成品图 2），并将图片拖入"衣架详细页.psd"中，将该图层名改为"产品信息"，调整位置和大小，如图 5-151 所示。

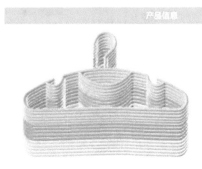

图 5-151　导入图片

（5）点击"圆角矩形工具"，设置前景色为"橙色"（R＝255，G＝108，B＝0），如图 5-152（a）所示绘制一个圆角矩形。选中该图层并复制出 4 个副本，调整位置如图 5-152（b）所示。

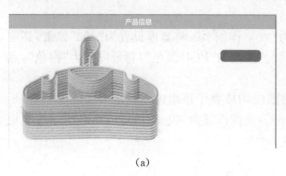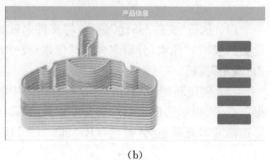

（a）　　　　　　　　　　　　　　　　（b）

🔖 图 5-152　绘制圆角矩形

（6）新建图层并命名为"直线"，点击"直线工具"，设置前景色为"橙色"（R＝255，G＝108，B＝0），设置粗细为"1px"，按住 Shift 键如图 5-153（a）所示绘制一条直线。选择该图层，再另外复制出 4 个副本并调整位置，效果如图 5-153（b）所示。

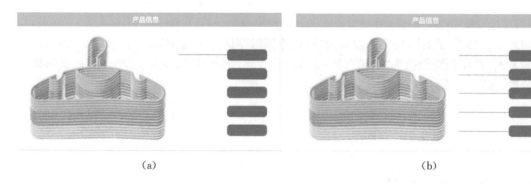

（a）　　　　　　　　　　　　　　　　（b）

🔖 图 5-153　绘制直线

（7）点击"文字工具"，将字体设置为"微软雅黑"，字体样式为"Bold"，字号为"20 点"，颜色为"橙色"（R＝255，G＝108，B＝0），输入文字"美丽雅紫藤衣架花语系列"，如图 5-154 所示。

🔖 图 5-154　输入文字（2）

（8）选择"文字工具"，其他参数不变，将字号设置为"19.5 点"，颜色设置为"白色"（R＝225，G＝225，B＝225），分别输入文字"材 质"、"重 量"、"尺 寸"、"颜 色"、"适用范围"。调整文字的位置，效果如图 5-155 所示。

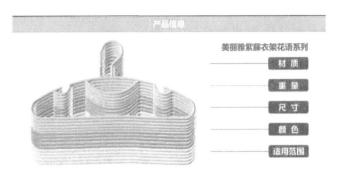

图 5-155　输入文字(3)

（9）选择"文字工具"，其他参数不变，将字号设置为"12 点"，颜色设置为"橙色"（R＝255，G＝108，B＝0），分别输入文字"PP"、"0.26 KG（含包装）"、"肩幅宽约 41 cm"、"蓝色，绿色，红色"、"适用于衣裤裙等挂吊、晾晒"。调整各组文字的位置，效果如图 5-156 所示。

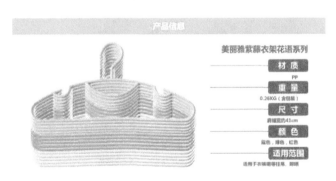

图 5-156　输入文字(4)

 说 明

（1）衣架的产品信息板块主要是告知消费者关于产品的一系列信息，如：材质、重量、尺寸等，使消费者对商品有一个全面的了解。

（2）根据产品的外形和包装选用蓝色色调，显得协调、自然。

（3）产品信息文字采用橙色，与蓝色搭配，既能吸引消费者的眼球，又显得和谐。

5.6.2　制作尺寸参考板块

（1）在图层面板中创建新组并命名为"尺寸参考"，此板块的图层均放置于该组中。使用同样的方法制作蓝色导航部分，效果如图5-157所示。

图 5-157　制作蓝色导航部分

（2）执行"文件/打开"命令，打开配套资源"素材\项目5\任务5.6\尺寸参考.jpg"文件，将图片利用"魔棒工具"反选后拖入"衣架详细页.psd"中并将图层命名为"尺寸参考"，合理调整图片的位置和大小，效果如图5-158所示。

图 5-158　导入图片

（3）新建图层并命名为"直线2"，点击"直线工具"，设置前景色为"黑色"，粗细为"1px"，按住Shift键，如图5-159所示绘制一条直线。

图 5-159　绘制直线

（4）新建4个图层，分别命名为"斜线1"、"斜线2"、"竖线1"、"竖线2"。再次选择"直线工具"在这4个图层上分别添加2条斜线和2条竖线，粗细为"1px"，效果如图5-160所示。

图 5-160　绘制斜线和竖线

（5）点击"文字工具"，设置字体为"宋体"，字号为"16 点"，颜色为"黑色"（R＝0，G＝0，B＝0），输入文字"注：由于测量的工具与手法不同，误差 1—2 cm 属于正常情况，具体请以实物为准"。再次使用"文字工具"，其他参数不变，将字号设置为"20 点"，输入文字"41 cm"，调整文字的位置，最终效果如图 5-161 所示。

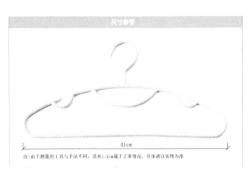

图 5-161　输入文字

 说　明

（1）尺寸参考板块可以使消费者对本产品的尺寸大小有清楚的了解，这样可以避免因消费者误买了尺寸不合适的商品而产生纠纷或不满的情况。

（2）尺寸图一般都采用正面图并配以准确的数据标注。

5.6.3　制作商品颜色板块

（1）在图层面板中创建新组并命名为"商品颜色"，此板块中的图层均放置于该组中。使用同样的方法制作蓝色导航部分，效果如图 5-162 所示。

图 5-162　制作蓝色导航部分

（2）执行"文件/打开"命令，打开配套资源"素材\项目 5\任务 5.6"中的"商品颜色 1.jpg"、"商品颜色 2.jpg"和"商品颜色 3.jpg"，利用"魔棒工具"将这三幅图片中的衣架选中，将其全部拖入"衣架详细页.psd"中并更改相应的图层名，调整图片的位置和大小，效果如图 5-163 所示。

图 5-163　导入图片

（3）选中图层"商品颜色1"，按住 Ctrl 键，鼠标点击该图层的缩略图，载入衣架选区，如图 5-164 所示。

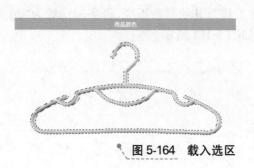

图 5-164　载入选区

（4）执行菜单中的"选择/修改/扩展"命令，在弹出的"扩展选区"对话框中，设置扩展量为"15"像素，如图 5-165 所示。

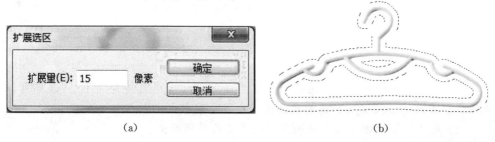

（a）　　　　　　　　　　　　　　　　　　（b）

图 5-165　扩展选区

（5）执行菜单中的"编辑/描边"命令，在弹出的"描边"对话框中，设置宽度为"8px"，颜色为"蓝色"（R＝111，G＝137，B＝232），效果如图 5-166 所示。

（6）另外两个衣架的描边设置同上操作。粉红色衣架的描边颜色为"天蓝色"（R＝111，G＝191，B＝232），浅蓝色衣架的描边颜色为"橙色"（R＝232，G＝176，B＝111），效果如图 5-167 所示。

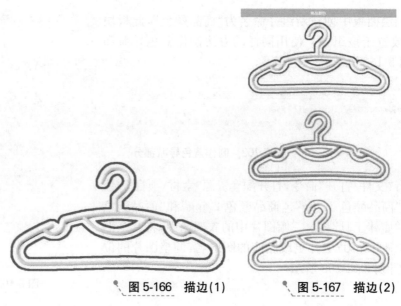

图 5-166　描边（1）　　　　　图 5-167　描边（2）

（7）新建图层并命名为"绿圆"，点击"椭圆选框工具"，将宽度和高度均设置为"40px"，在绿色衣架旁绘制圆形选框并填充颜色为"绿色"（R＝98，G＝241，B＝196）。执行"编辑/描边"命令，将宽度设置为"3px"，颜色为"白色"，按"确定"按钮。双击该图层，在弹出的"图层样式"对话框中，选择"描边"效果，将大小设置为"3"像素，颜色设置为"灰色"（R＝184，G＝184，B＝184），调整图形的位置，如图 5-168 所示。

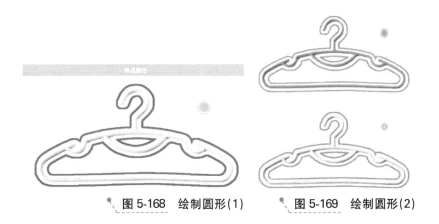

图 5-168　绘制圆形（1）　　　图 5-169　绘制圆形（2）

（8）新建两个图层"粉圆"和"绿圆"，同上操作在新建的图层中分别再绘制两个圆形，粉色衣架旁的圆形颜色为"粉色"（R＝255，G＝195，B＝251），蓝色衣架旁的圆形颜色为"蓝色"（R＝158，G＝208，B＝255），效果如图 5-169 所示。

（9）点击"文字工具"，将字体设置为"微软雅黑"，字体样式为"Bold"，字号为"25 点"，颜色为"灰色"（R＝134，G＝134，B＝134），分别输入文字"绿色"、"粉色"、"蓝色"，从上到下进行排列，效果如图 5-170 所示。

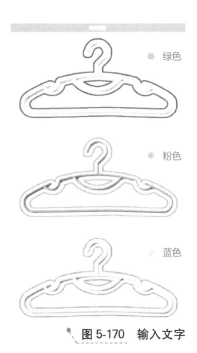

图 5-170　输入文字

（10）新建图层"衣架背景1"，将该图层移至衣架所在图层的下方。点击"画笔工具"，点击左上角的三角下拉框，在弹出的面板中选择如图5-171(a)所示的画笔，将大小设置为"58px"，设置前景色为"R＝193，G＝198，B＝247"，在第一个衣架处进行涂抹，效果如图5-171(b)所示。

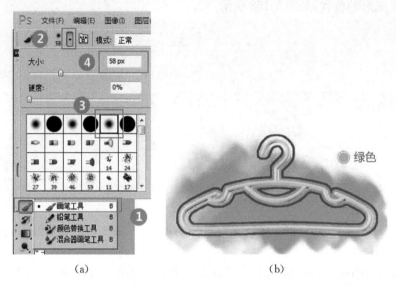

（a）　　　　　　　　　　　　　（b）

图5-171　绘制衣架背景(1)

（11）再新建两个图层"衣架背景2"、"衣架背景3"，同上操作，粉色衣架的背景颜色为"R＝175，G＝209，B＝244"，浅蓝色衣架的背景颜色为"R＝220，G＝255，B＝163"，最终效果如图5-172所示。

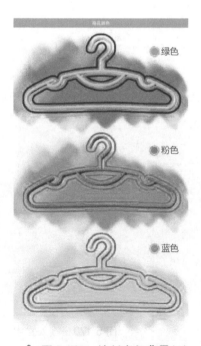

图5-172　绘制衣架背景(2)

说明

（1）商品颜色板块主要是将本款产品的所有颜色进行展示，本款衣架一共有3种颜色可供消费者选择。通过本板块，可以增强消费者对衣架颜色的了解，扩大了选择面。

（2）将不同颜色的衣架进行描边，可突出产品，并配以不同的底色，显得生动、立体。

5.6.4　制作产品细节板块

（1）创建新组并命名为"产品细节"，本板块的所有图层均放置于该组中。执行"文件/打开"命令，打开配套资源"项目5\任务5.6\产品细节1.jpg"文件（项目4任务4.6中的成品图1），将其拖入"衣架详细页.psd"中并将图层命名为"产品细节1"，如图5-173所示。

图5-173　导入图片（1）

图5-174　导入图片（2）

（2）同上操作，将配套资源"素材\项目5\任务5.6\产品细节2.png"文件拖入并将图层命名为"产品细节2"，如图5-174所示。

（3）点击"文字工具"，将字体设置为"华康简综艺"，字号为"25 点"，颜色为"黑色"（R＝0，G＝0，B＝0），分别输入文字"圆头挂钩设计"、"吊带位设计"、"领带位设计"，调整文字位置，效果如图 5-175 所示。

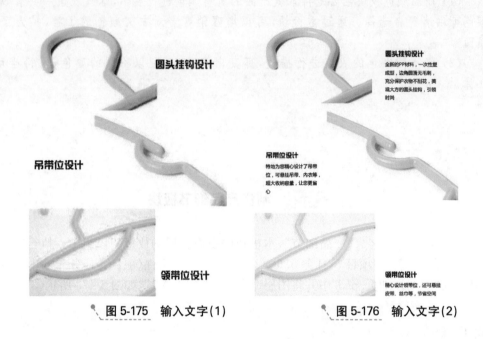

图 5-175　输入文字(1)　　　　　　　　　图 5-176　输入文字(2)

（4）选择"文字工具"，将字体设置为"微软雅黑"，字体样式为"Regular"，字号为"18 点"，颜色为"黑色"（R＝0，G＝0，B＝0），分别输入配套资源"素材\项目 5\任务 5.6"中的"文字 1.txt"、"文字 2.txt"、"文字 3.txt"中的文字，调整文字的位置，效果如图 5-176 所示。

（5）选择"文字工具"，将字体设置为"微软雅黑"，字体样式为"Regular"，字号为"12 点"，颜色为"R＝47，G＝47，B＝47"，输入配套资源"素材\项目 5\任务 5.6\文字 4.txt"中的文字，调整文字的位置，效果如图 5-177 所示。

图 5-177　输入文字(3)

说　明

（1）"细节"图要突出商品的细节，三张不同部位的细节图从圆头挂钩、吊带位设计、领带位设计来展示本产品的细节，体现了商品的品质，使消费者对商品有更为细致的了解。

（2）最后的文字用以树立公司"创意团队、专注踏实、力行服务"的形象，使消费者从心理上认可该品牌的价值观和文化观。

 实战训练

根据所提供的挂钟详细页样张和素材包，完成挂钟详细页的制作。样张请见本书最前的"作品赏析"页面或配套资源中的"素材\实战训练\项目 5\任务 5.6\样张.jpg"文件。

项目评价

● 自我评价

主要内容		自我评价等级(在符合的情况下面打"√")			
		全都做到了	80%做到了	60%做到了	没做到
任务5.1	左图右参数模式截图				
	纯文字模式截图				
	大图模式截图				
	标签栏模式截图				
任务5.2	麦克风详细页的制作				
任务5.3	苹果详细页的制作				
任务5.4	洗面奶详细页的制作				
任务5.5	T恤详细页的制作				
任务5.6	挂钟详细页的制作				
自我总结	我的优势				
	我的不足				
	我的努力目标				
	我的具体措施				

● 小组评价

主要内容		小组评价等级(在符合的情况下面打"√")			
		全都做到了	80%做到了	60%做到了	没做到
任务5.1	左图右参数模式截图				
	纯文字模式截图				
	大图模式截图				
	标签栏模式截图				
任务5.2	麦克风详细页的制作				
任务5.3	苹果详细页的制作				
任务5.4	洗面奶详细页的制作				

续　表

主要内容		小组评价等级(在符合的情况下面打"√")			
		全都做到了	80%做到了	60%做到了	没做到
任务 5.5	T恤详细页的制作				
任务 5.6	挂钟详细页的制作				
建议					

组长签名：　　　年　　月　　日

● 教师评价

主要内容		教师评价等级(在符合的情况下面打"√")			
		优秀	良好	合格	不合格
任务 5.1	左图右参数模式截图				
	纯文字模式截图				
	大图模式截图				
	标签栏模式截图				
任务 5.2	麦克风详细页的制作				
任务 5.3	苹果详细页的制作				
任务 5.4	洗面奶详细页的制作				
任务 5.5	T恤详细页的制作				
任务 5.6	挂钟详细页的制作				
评语					

教师签名：　　　年　　月　　日

项目小结

　　在项目 3 中,我们总结了商品的卖点并拍摄了商品照片。在项目 4 中,我们美化了商品图片。本项目就是在前两个项目的基础上对卖点、照片、美化好的图片进行整合,最终完整地制作出商品的详细页,让消费者能清晰地了解商品。